고객 마음에 오래 남는

세일즈의 향기

이기한 저

북스페이스

프롤로그

시각, 미각, 촉각, 후각 중에서
사람의 기억 속에 가장 오래도록 남는 것은 후각이다.

프로 세일즈맨이 지나간 자리에서는 향기가 난다. 좋은 향수 냄새가 아니다. 고객을 생각하는 진정한 마음, 열정, 땀이 만들어 내는 향기이다. 당신을 만나고 돌아선 고객의 미소, 그 입가에 잔잔히 떠오르는 그런 기억이 바로 좋은 향기이다. 당신은 누군가에게 그런 향기로 기억되고 있는가?

이 글을 써야겠다는 당위성을 찾기까지 많은 고민과 시간과 추억이 흘렀다. 지난 20년간의 영업이라는 나의 직업, 나의 삶 속에서 느꼈던 좋은 추억과 아픔을 다른 이들과 공유하고 싶었다. 나 한 개인의 한정된 시간과 공간의 이야기가 아니라 다른 누군가의 이야기일 수도 있고 내 이야기가 좋은 공감이 되고 힘이 될 수 있다면 더 바랄 게 없다는 생각에서 이 글을 쓰기로 마음먹었다. 그런 마음을 글로 표현하자니 어떻게 시작해야 할지, 무엇을 적어야 할지 머릿속에서 많은 생각이 엉켜서 정리가 되지 않았다. 글쓰기를 전업으로 하지 않는 사람이 생각을 정리한다는 게 얼마나 어려운 일이고 고행인지 새삼 느꼈다.

이 글은 3막으로 된 연극과 같이 내 인생의 여정대로 구성했다. 1장에는 대학을 졸업해서 사회에 첫발을 내딛고 어떻게 영업의 길로 들어서게 되었는지를 기록해 보았다. 드라마틱한 일도 참 많았는데 짧은 글재주로 표현하려니 그 시간들이 날 원망할까 걱정된다.

2장에는 업의 측면에서 영업에 한정하지 않고 '꽃을 피우는 일'(榮業)이라는 소명의식으로 달려온 20년간의 나의 영업 이야기를 적어 보았다. 희로애락의 모든 감정이 녹아 있는 영업 현장에서의 생생한 경험이 누군가에게는 재밌는 이야기로, 누군가에게는 소중한 충고로, 따뜻한 위로로 다가서기를 바라는 심정으로 파노라마 같은 나의 영업 이야기를 담았다.

프롤로그

 3장에는 이제 또 다른 영업의 주인공을 꿈꾸는 후배와 동료에게 부족하나마 내가 가진 영업의 지식과 경험의 산물을 공유하고픈 마음으로 나의 영업관을 공유하고자 했다. 이런 기록을 통해 작게는 나 자신의 소통이 되고, 다른 누군가에게는 희망이, 또 누군가에게는 위로와 용기가 된다면 좋겠다. 아니 솔직히 말해서 지난 시간 큰 용기와 희망이 되어 준 나의 가족과 동료와 파트너들에게 최소한의 감사와 추억이 되는 것만으로 나는 만족할 것이다. 모두에게 편안한 위로와 용기가 되기를 진심으로 바란다.

목차

1

운명처럼 찾아온 영업 입문

1. 응답하라 1996
2. 인생 첫 세일즈
3. 자동차에 반하다
4. IMF, 내 인생을 바꿔 놓은
5. 인생 반전
6. 행복하면 눈물이 난다
7. 서울 상경
8. 초보 영업
9. 첫 고객
10. 빌딩 타기
11. 사기를 당하다
12. 대우센터와 용산역

2

차갑지만 치열했던 영업 이야기

1. 영업은 상품이 49퍼센트, 사람이 51퍼센트
2. 최고의 파트너
3. 영업 현장은 치열하지만 언제나 배울 게 있다
4. 접대도 기술이다
5. 공로상
6. 천지인의 도움이 없으면 작품은 만들어지지 않는다
7. 45일 프로젝트 I
8. 45일 프로젝트 II
9. 차 백 대 파는 건 쉬워도 한 대 팔기는 어렵다
10. 절망을 주는 것도 희망을 주는 것도 사람이다
11. 영업의 절반은 얼굴이 한다
12. 좋은 경쟁자가 있다는 것

3

소소하지만
도움이 되는
영업 솔루션

1. 새로운 시작
2. 혁신과 변화
3. 명품 영업
4. 좋은 영업 리더의 자질
5. 돈과 영업
6. 영업은 쓰리다 I
7. 영업은 쓰리다 II
8. 영업사원의 출근
9. 영업 목표 수립하기
10. 영업의 의미
11. 영업과 골프의 공통점
12. 장수하는 영업 비결
13. 영업의 기본
14. 영업력 회복 솔루션
15. 즐기는 영업
16. 영업에서 버려야 할 세 가지
17. 언택트 시대의 영업
18. 영업은 3D
19. 실패 없는 영업은 없다
20. 세일즈, 향기를 품다
21. 영업의 스승

1장

운명처럼 찾아온 영업 입문

1-1

응답하라 1996

  1996년 1월, 그해 겨울의 부산은 여느 해보다 바닷바람이 유난히 더 매서웠다. 대학 4학년, 내 인생에서 처음으로 사회에 도전하기 위한 첫걸음을 준비해야 하는 시기가 된 것이다. 누가 먼저랄 것도 없이 학교에서는 취업을 하기 위해 기업의 공지나 사전 공채 정보를 먼저 알아내려고 모두가 분주하게 봄을 기다리고 있었다. 나는 삼 형제 가운데 막내였기에 먼저 대학 생활을 한 형들의 모습(학생운동을 하느라 공부는 뒷전이었던 큰형, 장학생으로 항상 집안의 기대를 한 몸에 받았지만 재미없게 생활한 것 같았던 작은형)을 보면서 나름 남부럽지 않은 대학 생활을 보냈다고 자평해 왔다. 취업이라는 지상과제 앞에서 '난 무엇을 해야 할까, 무엇을 잘할 수 있을까'라는 질문을 계속 던질 때였다.

나는 학부에서 기계공학을 전공했다. 고등학교 때부터 썩 좋아하지 않던 수학과 물리가 내 대학 생활까지 쫓아올 줄은 꿈에도 모른 채 그저 취업이 제일 잘되는 학과이니 아무것도 따지지 말고 무조건 가라는 큰형의 엄포에 진짜 아무 생각 없이 지원했고, 힘겹게 졸업을 앞두고 있었다. 다행히 군대 갔다 와서 정신 차리고 공부한 덕에 과에서 중간 정도 성적을 유지할 수 있었다. 그런데 돌이켜 생각해 보니 나의 유전자 속에는 꼭 수학과 물리를 싫어하는 DNA만 있던 건 아닌 듯하다. 1학년 때부터 한 학년, 한 학년 올라가면서 배웠던 정역학, 동역학, 유체역학, 고체역학, 열역학 등 역학의 퍼레이드에서 나름 몇 시간씩 머리 싸매고 집중해서 함수와 미적분 문제들의 답을 찾아갈 때의 그 짜릿했던 순간들이 지금도 좋은 추억으로 남아 있는 걸 보면 체질까지는 아니어도 어느 정도는 즐겼던 것 같다.

어쨌든 그런 힘든 시간을 뒤로하고 지상과제인 취업의 문턱에서 나는 어떤 선택을 해야 할지 심각하게 고민하지 않을 수 없었다. 그 시절 그러한 고민을 하면서 첫째로 고려한 사항은 당연히 내 주위의 기대였던 것 같다. 앞서 말했듯 우리 집의 사정(삼 형제 대학 뒷바라지하신 부모님의 형편)을 고려해서 좋은 직장에 가는 것이 중요했고, 대학 동아리에서 회장으로 활동하면서 후배들에게 항상 학업과 동아리의 일체를 강조했기에 모범적인 선배로서 좋은 직장에 붙어야 했고, 당시 사귀던 아내(그 당시 아내는 동 대학 3학년생)에게 미래에 대한 확신을 주기 위해서라도 취업을 잘해야 했다. 다행히도 당시 취업환경이 그렇게 나쁘진 않았다. 지금 생각해도 나에게는 기회였다. 아직 우리나라에 IMF라는 거대한 쓰나미가 오기 전 일시적 호황기였고, 뒤늦게 알았지만 그때 우리나라는 선진국 대열에 곧 들어갈 거라는 근거 없는 향기에 취해 있었다.

1월부터 시작된 그해 취업지원서 물결이 우리 과에 세 번 돌 정도로 들어왔었다. 나와 같은 시기에 학창 시절을 보낸 분들이라면 알겠지만, 졸업 시즌이 되면 기업에서는 좋은 인재를 모집하기 위해 해당 대학에 종이로 된 취업지원서를 보냈다. 그러면 해당 과에서는 졸업생을 성적순으로 매긴 뒤 기업에서 보내는 지원서를 순서대로 배포했다. 세 번을 돌았다는 것은 그만큼 많은 기업에서 많은 지원서를 보냈다는 말이며, 그만큼 경기가 좋았다는 뜻이다. 물론 지원서가 다 합격을 의미하지는 않지만 최소한 해당 기업에 지원해 달라는 것이니, 지금으로 말하면 하고 싶어도 받아 주지 않는 서류접수를 할 수 있는 자격을 부여받은 것이다. 나는 우리 과 200명 졸업생 중에서 대략 20~30등 정도였던 거로 기억하는데 운 좋게도 내가 처음 받은 지원서는 삼성그룹 공채였다. 그 당시도 그렇고, 지금도 삼성그룹은 누구에게나 선망의 대상이었다.

나에게는 벅차면서도 과감한 도전이었다. 삼성그룹 공채는 4단계였던 것으로 기억되는데 서류전형, TOEIC 시험, 면접, SSAT 시험을 통과해야 했다. 서류전형을 통과한 후 구미 삼성전자에서 TOEIC 시험과 면접을 보러 오라는 통지를 받고 마치 합격한 것처럼 흥분했던 기억이 난다. 새벽 첫 기차를 타고 부산에서 구미까지 가는 동안 시험과 면접에서 대답할 답지를 외우면서 다가오는 운명의 시간에 점점 흥분됐다. 그 당시에 예상 질문지와 모범답안 등이 근거 없이 나돌았다.

내 기억이 맞다면 삼성그룹에서 처음 TOEIC 시험이 반영되었는데 공대 지원의 경우 650~700점이 합격선이었다. 아침 일찍 시험을 치르고 오후에 면접이 이어졌다. 당시 소문인지 실제인지 모르지만 삼성그룹에서 면접에 관상가를 대동한다는 말이 있어서 외모와 말, 표정 관리에 엄청 신경 썼던 기억이 난다.

면접관 4명과 면접자 5명의 팽팽했던 순간들, 불과 4~5미터 앞에 앉아 있는 면접관과 눈을 마주치면서 흘렸던 땀방울이 지금도 생생하다. 면접관이 나에게 서너 가지 질문을 했는데, 그중 지금도 잊지 못하는 질문이 있다. "미래의 자동차에 있을 법하거나 있었으면 하는 기술은 어떤 게 있을까요?" 미처 예측하지 못한 질문을 받자 내 머릿속이 하얗게 되었다. 아마도 내 전공이 기계공학이고, 부전공이 자동차공학임을 의식한 질문인 듯했다.

나는 이판사판이라는 심정으로 잠시 호흡을 가다듬고, 평소에 생각했던 나만의 자동차 개똥철학(?)을 읊기 시작했다. "제가 생각하는 미래의 자동차는 사람 중심 테크놀로지의 결정체가 될 것이라 확신합니다. 안전성, 능동성 면에서 지금보다 훨씬 더 진보된 기술이 개발될 것입니다. 첫째로 능동성에서 주행 전 자동 안전벨트 시스템이 개발되어 운전자의 체형과 운전 패턴에 맞게끔 벨트의 조임과 최상의 상태를 점검하게 됩니다." 그 당시 익스텐션과 리텐션 기능이 있는 안전벨트는 개발되었지만 자동으로 조여 주는 기능은 만화에나 나올 법한 이야기였다. 나를 바라보는 면접관의 눈을 보면서 나는 자리에서 박차고 일어났다. 옆에 있던 보드 판에 나의 주장을 그려 가면서 거침없이 질러 버렸다.

"둘째로 안전성 측면에서 졸음운전을 방지하는 일명 '홍채인식 경고시스템'에 대해 설명드리겠습니다. 일반적으로 졸음운전의 징후로 보이는 인간의 눈꺼풀 개폐 속도가 일반적인 깜박임과 비교해서 현저히 떨어지는 것에 착안해 운전석 룸미러 옆에 홍채인식 센서를 달아 졸음운전 데이터에 들어갈 경우 경고음이나 경고진동을 주는 것입니다." 나는 상세히 차량을 그려 가면서 열심히 설명했다. 그때가 1996년이었다.

내가 말했던 아이디어는 현재 기술로 진행 중이거나 더 첨단화, 고도화한 걸로 알고 있다. 대학 4학년생 초짜의 의견에 내심 신선함을 느끼셨는지 꽤 관심을 가지고 프레젠테이션을 청취해 줬던 면접관들의 얼굴과 눈빛이 생생했다. 그렇게 발표가 끝났을 때 나의 와이셔츠는 반쯤 젖었고 이마에는 땀방울이 맺혀 있었다.

후회 없이 프레젠테이션을 한 결과 당당히 합격 통보를 받았다. 그렇게 삼성그룹의 37기 공채로 첫 사회생활을 시작하게 됐다.

1-2

인생 첫 세일즈

지난 영업의 시간을 돌이켜 보면 참 실수도 많았다. 짜릿한 승부의 시간, 후회와 반성이 되는 짠한 시간도 있었다. 사람은 시간 앞에서 후회나 반성이 반복될수록 무뎌진다고 했던가. 누군가에게는 아무것도 아닌 배려와 감사가 큰 감동이 되기도 하고 그 사람의 인생을 바꿀 수도 있다는 걸 나는 알고 있다.

삼성그룹 공채로 시작한 나의 첫 사회생활에서 2개월간의 신입사원 교육과정은 사회 초년생으로서 예절과 삼성그룹의 문화를 이해하고 습득하면서 나름의 자부심과 엘리트 의식을 함양하는 뜻깊은 시간이었다. 특히 기억에 남는 것은 일명 '세일즈 실습'(달리 표현하면 생존 서바이벌 게임) 시간이다. 조별 팀 파워를 측정하는 프로그램인데, 삼성그룹 신입사원이라면 당시에는 꼭 거쳐 가는 전통적인 프로그램이었다. 불특정 장소에서 십여 명 인원으로 구성된 조별로 전자제품을 받아서 제한된 시간 안에 그 제품을 판매하고 돌아오는 것인데, 제품을 가장 많이 판매한 팀이 최우수 시상을 받는 팀 간 경쟁 프로그램이었다. 여기에서 특이한 점은 어디서, 누구에게 팔아야 하는지를 당일 아침 그 지역에 도착해서야 알 수 있다는 것이다. 전날 밤에 어떤 제품을 팔아야 하는지 설명해 주고 얼마나 팔아야 하는지와 적정 가격대까지 산출된 표를 나눠 준다. 지금 생각하니 참 치밀하고 치졸하기까지 했다.

아침 일찍 우리 조는 단체 수련복으로 갈아입고 셔틀버스에 올랐다. 마치 도살장으로 끌려가는 가축처럼 불안하고 비장한 표정으로 침묵을 지키고 있었다. 어제저녁 우리 조가 받은 전자제품은 삼성시계 20개, 카메라 10개, 청소기 5개, 칫솔 세정기 10개, 프린터 2개 등 여러 가지 삼성전자 제품이었다. 목표금액이 500만 원이 훨씬 넘었는데, 1996년 기준으로 꽤 큰 금액이었다. 용인연수원에서 출발한 버스는 산을 넘고 고속도로를 타고 한참을 지나서야 어딘가에 우리를 내려 주었다. '전주'였다. 그 당시 나는 전주에 처음 가 봤고 우리 조원 중에도 전주 출신은 한 명도 없었다. 구성원의 출신 지역까지 꼼꼼히 체크해서 혹시나 있을 혈연, 지연의 고

리마저 차단하는 치밀함에 새삼 놀랐다.

빈 도로에 전자제품 박스를 들고 서 있던 열 사람. 그때 시간은 아침 10시였고, 마감 시간인 5시까지 7시간 동안 우리는 최대한 이 물건을 다 팔아야 했다. 당시 팀장이었던 나는 동기 조원들에게 의견을 물었다. 먼저 어디에 가야 이 상품을 효율적으로 팔 수 있을까? 누구를 대상으로 판매해야 효과적일까? 그 당시에는 지금같이 신용카드나 스마트폰 결제가 아예 없거나 흔하지 않았고 프로그램의 취지상 현금으로만 판매할 수 있었기에 더더욱 어려운 상황이었다. 더군다나 우리가 전주에 도착한 그날은 일요일이었다.

일단 현재 우리가 어디에 있고 어떻게 판매를 전개해야 할지부터 정하는 게 우선이었다. 지나가는 학생에게 물어서 우리가 전주시청 앞에 있고 사람이 많이 모이는 곳은 남부시장과 한옥마을이라는 정보를 파악했다. 또 2인 1조로 구성해서 흩어져 판매하는 것이 효율적이란 생각이 들었다. 특히 여성과 남성을 혼합해서 구성하면 응대에도 효과적일 것으로 판단되었다. 물론 여성과 남성을 비하하는 것을 아니지만 여성 고객에게는 남성이, 남성 고객에게는 여성이 더 설득력 있게 다가갈 것이라는 생각이 들었다. 또 남부시장을 선택한 이유는 시장에는 현금이 있을 것 같았고 상인이나 관광객 모두에게 쉽게 접근할 수 있을 것 같았다. 그렇게 팀별로 지역과 상품을 나누어 오후 5시에 다시 만나기로 하고 파이팅을 외치며 흩어졌다.

팀장으로서의 소명감이랄까, 나는 더더욱 어깨가 무거워서 다른 친구들보다 상품을 더 많이 챙겼다. 삼성 마크가 찍힌 단체복을 입고 상품 박스를 들고 시장 한가운데를 누비던 그때의 모습이 당돌하면서도 꽤 비장하게 보였을 것이다. 어디서 그런 능청스러움이 생겼는지 시장을 돌면서 금세 "어머니", "할머니" 하면서 우리를 소개하고 취지를 설명하면서 홍보에 나섰다. 자식 같은 아이들이 나름 땀을 흘리면서 애쓰는 모습에 감동하셨는지 먹을 것을 주시는 분도, 물을 주시는 분도 계셨다. 대뜸 시계 하나 사겠다고 얼마냐면서 다짜고짜 돈부터 꺼내시는 어머니를 만났을 때는 정말 사막에서 오아시스를 만난 것 같은 감동이 왔다. 연수원에서 정해준 가이드대로 가격을 말하자 역시나 흥정의 달인이신 어머니들의 요청에 어쩔 수 없이 오천 원, 만 원 할인해 주게 됐다. 그러면서도 '정말 내가 이렇게 아무 일면식 없는 사람에게도 물건을 팔 수 있구나'라는 성취감에 눈물이 나올 지경이었다. 하나가 팔리자 옆집, 건넛집에서 이리저리 아주머니들이 와 보라고 성원이었다.

우리 조는 이렇게 쉽게 일이 풀렸지만 다른 지역으로 간 동기들은 문전박대와 무관심에 상처를 받고 자포자기 상태였다. 시장에서 뜻밖에 횡재(?)를 한 나는 다른 동기들의 상품을 가지고 시장의 한복판에서 가두 판촉을 하면 어떨까 하는 생각이 들었다. 사람들의 시선을 모을 수 있는 장소에다 남은 상품을 다 모아서 진열 형식으로 놓고 지나가는 사람들에게 한번 보고 가시라고 외치는, 지금의 신장개업 행사처럼 하는 그런 판촉을 해 보고 싶었다. 어차피 돌아다니면서 하는 거나 이렇게 모아 놓고 하는 거나 다를 게 무언가. 더군다나 한번 창피한 거 두 번은 못 하겠냐는 생각을 하니 부끄러울 것도 없었고 알 수 없는 자신감마저 들었다. 아까 하나 팔아 주신 아주머니께서 확성 마이크까지 빌려주시니 진짜 길거리 가판 장사를 하는 것 같았다.

"아아… 친애하는 전주시민 여러분, 저희는 이번 삼성그룹 공채에 합격해서 연수 중인 교육생들입니다. 회사의 필수 연수코스로 여러분 앞에 이렇게 세일즈 실습을 나왔습니다. 저희 회사 제품 좋은 건 여러분도 잘 아실 겁니다. 저희를 믿고 이번 참에 구입해 주시면 감사하겠습니다. 바로 여기 이 제품들이 여러분 앞에 있습니다."

어디서 그런 멘트가 생각났는지 모르게 말이 술술 나왔다. 그 많은 시장 사람 앞에서 큰 목소리로 자신 있게 말하던 내 모습이 무모하면서도 조금은 멋있게 보였을지도 모르겠다. 돌아가면서 한마디씩 세일즈 멘트를 하면서 점점 동기들의 얼굴은 상기되었고 자신감이 차올랐다. 이런 것이 진정한 세일즈의 시작이었나. 어쩌면 이 프로그램이 의도했던 것도 단순히 제품을 파는 것이 아니라 그 과정에서 무엇인가를 느끼게 하려고 했던 건 아닐까. 그 당시 우리 조가 몇 등을 했는지는 정확히 기억나진 않는다. 1등은 아니었던 것 같다. 하지만 마감 시간까지 거의 다 팔았고, 많은 전주시민의 응원과 격려를 받았었다. 프로그램 품평회와 시상이 끝난 뒤 조원들이 부둥켜안고 수고를 격려하고 서로 힘이 되어 준 데 고마워하며 같이 울고 웃었던 기억이 난다.

업무적인 면에서는 탁월하지만 타인과 대면하는 데 어려움을 겪었던 한 동기는 이런 과정에서 용기를 얻었고, 항상 소극적이던 한 동기는 자신의 내면에 숨겨진 끼와 에너지를 발산하는 좋은 기회였다고 감회를 토로했다. 누구나 어떤 상황에서든 몸으로 직접 겪어 보면 자신의 모습을 제대로 알게 된다는 점에서 인생이 공평하게 느껴진다. 어쩌면 이 첫 세일즈 경험이 내 인생을 바꾸어 놓은 시작이 아니었을까. 그때 이미 내 몸속에 영업의 DNA가 흐르고 있었던 건 아니었을까. 잠시 소소한 웃음으로 지난날을 추억해 본다.

1-3

자동차에 반하다

　삼성그룹 신입사원 연수를 마치고 신입사원으로 첫발을 내디딘 나는 삼성전기로 배정을 받았다. 그 당시 삼성그룹은 대한민국에 새로운 자동차 사업의 바람을 일으키기 위해 부산에 국내 최대 규모로 간척지 위에 공장을 짓고 기간산업의 위용을 막 드러내기 시작할 때였다. 내가 배정받은 삼성전기 부산공장은 삼성자동차의 핵심동력 장치와 부품을 생산하면서 삼성자동차와 함께 부산을 자동차의 메카로 만들기 위한 당찬 포부를 가지고 설립되었다.

　부산에서 자라고 공부하면서 부산을 떠나지 못했던 당시를 생각하면 그 험난한 여정에 기꺼이 동참하고자 했던 나의 고집과 열정이 '가면 개고생한다고 모두가 지원을 기피하던' 부산공장을 선택한 이유가 아닐까 싶다.

'삼성전기 부산공장 생산기술실 합리화팀', 나의 첫 사회생활 부서였다. 7·4제라는 업무제도로 새벽 5시에 통근버스를 타고 출근해서 오후 4시에 다시 버스를 타고 퇴근하는 직장생활이 시작됐다. 하루 세끼를 다 공장에서 먹고, 하루 종일 엄청 넓은 공장 안에 있어야 한다는 것, 식사와 업무상 이동을 다 자전거로 한다는 것(공장이 넓어서 걸어가려면 꽤 노동력이 필요했음), 자대배치를 받고 우왕좌왕하던 신병 같은 생활들, 이어지는 신입사원 환영 회식, 야간 잔업 등등. 2년 6개월간의 내 첫 직장생활은 순간순간이 잊지 못할 추억들이다.

내가 속한 합리화팀은 소속에서 알다시피 우리가 보유한 생산기술을 각 생산 공정에 효율적이고 합리적인 시스템을 통해 효과적으로 적용할 수 있는지, 개선할 수 있는지를 연구하는 부서였다. 말하자면 작업자와 설비를 얼마나 생산적이고 효율적으로 개선할 수 있는지를 연구하는 것인데, 거의 학문 수준의 연구를 하는 부서였다. 고참들은 대부분 자동차와 전자회사에서 스카우트된 경력 사원이었고 유일하게 나와 내 바로 위 고참만 삼성 공채 출신이었다. 한마디로 목적 달성을 위해 차출된 용병 부대와 같았다고 말할 수 있다.

나에게 주어진 첫 임무는 공장별(그 당시 공장은 조향장치, 제동장치, 현가장치, 공조장치, 프레스 등 자동차의 부품별 생산 공장으로 나뉨) 생산 라인을 공정별로 촬영하는 것이었다. 말이 촬영이지 언제 생산이 들어가는지 생산시스템에 대해서 A부터 Z까지 숙지하지 않고서는 엄두가 나지 않는 일이었다. 특히 생산 현장과 관리자 간에는 미묘한 신경전이 있어서 그들의 작업 현장을 촬영한다는 것이 그리 녹록지가 않았다. 그것이 바로 신입사원의 첫 통과의례라는 것을 얼마 되지 않아서 느끼게 되었다.

생산 라인의 직원들은 보통 20대 여직원이 다수였으며 나이로는 나보다 어리거나 동년배지만 사회생활로는 선배들이기에 존댓말을 해야 되는 상황이었다. 꼭 군대의 부사관과 장교와의 관계라고 할까. 사전에 생산부서 직원들에게 양해를 구하고 촬영하는 중에도 보이지 않는 긴장감과 어색함이 내내 감돌았다. 처음에는 단순한 공정 라인을 반복적으로 찍으면서 내가 뭘 하는 건지, 이게 무슨 도움이 되는지를 몰랐지만 서당 개 3년이면 풍월을 읊는다는 말같이 사무실로 와서 무한 반복해서 공정들을 보면서 평소에 보이지 않던 공정의 패턴과 그 라인을 이해하는 중요한 자료가 되었다.

내가 처음 우리 부서에서 배운 스킬은 바로 '모답스(modaps)' 법이라는 동작분석 기법이었다. 사람의 작업 동작 하나하나를 수치화해서 계산해 내고 그 수치 속에서 낭비(loss) 요소를 찾아내는, 정말 기발하면서도 과학적인 분석 방법이었다. 공정별로 촬영한 화면을 보면서 표준작업이라고 말하는 작업 동작을 분석해 개선 방안을 찾아내는 것이었다. 이것은 바로 노동생산성을 향상하기 위해 당시 회사가 도입한 선진 기술이었던 것이다.

몇 날 며칠을 새워 가면서 동작을 보고 또 보면서 0.1초 단위의 동작까지 찾아내는 나 자신을 보면서 신기하기도 하고, 한편으로는 단순히 노동을 기계화하려는 비정한 기업의 일면을 보게 되었다.

차츰 시간이 지나면서 작업자의 동작 하나하나가 눈에 들어오고, 보는 동시에 바로 수치화되는 경지까지 이르게 되면서 회사 내에서 모답스 도사로 통하게 되었다. 그뿐 아니라 몇백 개 공정의 설비 제조 소요 시간(lead time)과 지체 시간(neck time)을 체크하고, 휴일에 나와서 설비를 옮기고 공정을 바꿔 보고 최적의 효율을 만드는 표준작업을 만들면서 보이지 않는 작은 노력이 회사에 매우 큰 생산 향상의 결과를 이끌어 내는 모습에 자부심도 느꼈다.

자동차 밥을 먹는다는 것, 내가 그 일원이 되어서 자동차가 탄생

하기까지의 모든 공정을 꿰뚫어 볼 수 있는 능력을 조금 가졌다는 것, 이런 이야기를 사람들에게 자랑스럽게 말할 수 있다는 것, 이것 자체가 내 인생에서 빛났던 추억이다. 그렇게 나는 '자동차 밥'을 조금씩 먹어 가고 있었다.

1-4

IMF, 내 인생을 바꿔 놓은

1997년, 잘나가던 내 인생에 서서히 시련의 그림자가 드리워졌다. 많은 이의 기억 속에 희망이라는 단어보다는 고통과 절망의 서곡으로 기억되는 해였다.

'IMF 구제금융 신청'은 아무것도 모르고 열심히 일만 해 온 직장인들이나 소상공인들에게 청천벽력과도 같은 것이었다. 당시 김영삼 정부는 정부의 고갈된 재정과 대외 경쟁력 약화를 곧 선진국의 대열에 설 것이라는 장밋빛 청사진과 소비 조장으로 감추고 있었다. 나는 신입사원으로 입사해서 IMF가 발생하기 전 1년여 시간 동안 우리나라가 이렇게까지 망가지고 있는 줄은 전혀 눈치채지 못했다. 잦은 회식과 선배들의 쓴쓴이를 보면서도 회사가 직원에게 주는 급여와 복지혜택 등 너무나 많은 것을 누리고 그 속에 취해 있었다. 그렇다 보니 서서히 우리 사회가 깊은 수렁으로 서서히 빨려들어 가는 것을 느끼지 못했던 것이다.

11월 어느 때였는데, 생전 처음 들어보는 IMF라는 국제금융기관에 우리나라가 구제금융을 신청한다는 뉴스를 보았다. 그것이 무엇을 의미하고 앞으로 어떤 여파가 우리에게 다가올지 알기까지는 그리 많은 시간이 걸리지 않았다. 기업들의 연이은 부도와 대량 해고 사태를 통해서 불안해지는 직장들, 흔들리는 가장들의 자살과 가족 해체 소식들, 한 번도 들어 보지 못한 상황들이 벌어지면서 매스컴에서는 연일 기사를 쏟아냈다. 그해 나는 결혼 준비를 하면서 회사에서 신입사원 딱지를 뗄 즈음이었다. 그래도 신입사원인 우리에게까지는 영향은 없을 거라는 막연한 생각으로 현실을 외면했었다.

1998년 김대중 정부가 들어서고 본격적인 IMF 구제 프로세스를 진행하면서 우리나라의 경제 시스템은 철저히 해체, 재구성되는 위기를 맞았다. 새로운 선진 기업 금융 시스템 도입과 M&A 출현, 사모펀드의 무자비한 개입, 외국 자본의 무차별 공격 속에서 기반이 약한 국내 대기업을 포함한 유수의 기업들이 자의 반 타의 반으로 해체되거나 축소되는 운명을 맞이하게 되었다. 특히 국내 산업구조의 경쟁력 강화와 체질 개선이라는 명목하에 업종 간의 통합과 조정이 이뤄졌고 자동차산업 또한 IMF의 칼날을 피하지 못했다.

당시 삼성그룹은 자동차사업 후발주자였다. 기술경쟁을 위해 엄청난 자금을 쏟아붓고 이제 막 첫 차량 출시를 목전에 둔 상황에서 악재의 타깃이 되었다. 기아자동차의 부도, 현대전자와 현대반도체의 빅딜 등 여러 산재 속에서 자동차산업은 기아자동차를 인수한 현대자동차와 대우자동차, 쌍용자동차를 중심으로 재편되었고, 전자산업은 삼성전자와 LG전자를 중심으로, 반도체산업은 삼성전자와 하이닉스(나중에 현대반도체로 인수)로 재편되는 분위기로 방향이 잡혔다.

삼성자동차는 처음에 대우자동차를 인수한다는 루머가 나오더니 점점 삼성그룹에서 자동차사업을 포기하는 분위기로 변해 가고 있었다. 매일 쏟아지는 신문 기사를 보면서 직원들은 위기감을 느꼈고, 항상 그렇듯 임원들을 포함한 윗선에서는 이러한 소문을 잠재우려 할 뿐 속 시원하게 해답을 말해 주지 않았다. 공식적인 자동차사업 포기 선언, 이 소식을 접하면서 우리는 모두 설마 했지만 올 것이 왔다는 감정이 일어났다.

'2년여 첫 직장생활, 내부도 아닌 외부의 영향으로 회사가 없어진다'는 절망감과 배신감은 20대 후반의 열정적인 청년이 받아들이기에는 힘든 것이었다. 누구보다도 회사에 대한 자부심과 열정이 남달랐던 나에게 그 사실은 감당하기에 너무 큰 시련이었다. 최우수 신입사원으로 선발되고 사원에서 주임으로 승진하고 이제 막 봉우리에서 꽃을 피우는 것처럼 인생의 최고점을 향해 달려가던 나에게 그것은 엄청난 태클이었다. 업무가 정지되고 회사에서는 매일 답이 없는 대책 회의와 미래 계획에 대한 소문이 난무하면서 모든 구성원이 점점 수렁 속으로 깊이 빠져들고 있었다.

1-5

인생 반전

지금의 내가 있기까지 많은 이의 응원과 격려가 있었다. 그 누구보다 아내에게 평생 많은 빚을 지고 있다. 노래 가사처럼 들릴 수 있지만 나는 우여곡절이 많은 삶을 살아왔다. 물론 돌아보면 한 순간도 소중하지 않은 시간은 없지만 그중에서도 서른 살의 어설픈 내 도전의 기억들은 평생 아내에게 갚아야 할 빚의 파편으로 남아 있다.

IMF의 여파로 1999년 7월, 나는 삼성전기에서 보낸 2년 7개월간의 첫 직장생활을 접고 제2의 인생을 살기 위해 무엇을 해야 할지 깊은 고민에 빠져 있었다. 그 당시 주위의 여러 선배와 지인들로부터 보험업, 유통업, 의료업 등 다양한 취업의 콜을 받았다. 지금 생각해도 정말 고마운 일이다. 하지만 그 당시 내 가슴에서는 어릴 적 해 보고 싶었던 꿈에 대한 도전이 꿈틀대고 있었다. 바로 영화감독이 되는 꿈이었다.

내가 살았던 1980년, 1990년대의 부산에는 지금과 같은 영화 인프라가 전혀 없었다. 꿈을 실현하기 위해 아무런 노력도 하지 못하고 포기하고 살았던 내 학창 시절처럼 어려운 현실이었다. 그런 내 학창 시절의 평범함으로 나 자신도 포기하면서 살아왔는지도 모른다.

하필이면 왜 그 상황에서 그런 꿈을 좇고 싶었는지 지금도 미스터리이지만 나름 심각했다. 몇 날 며칠을 혼자 앓으면서 나에게 정말 절실한 꿈인지, 실현 가능성이 있는 꿈인지 생각해 봤지만 확신과 길이 보이지 않았다. 그도 그럴 것이 큰아이가 아내의 배 속에서 태어날 날만을 기다리고 있었고, 아내 역시 장애인재활협회에서 무거운 몸을 이끌고 열심히 일할 때였다. 그 말을 꺼낸다는 것이 무엇을 의미하는지 나는 잘 알고 있었다. 한마디로 철없는 어른의 자다가 봉창 두드리는 소리일 게 뻔했다.

 이런 흔들리는 내 마음을 아내도 느꼈는지 계속해서 내 눈치를 보고 있었다. 몇 날 뒤 늦은 밤 침대에서 나의 긴 한숨을 듣던 아내가 말을 걸었다. 며칠 전부터 느끼고 있었다고, 무슨 말을 하고 싶은지 솔직히 말해 달라고 했다. '지금 내 인생의 선택을 해야 할 때가 온 것 같다. 이게 옳은지 아닌지는 둘째치고 만약에 지금 하지 않으면 훗날 우리가 나이를 먹었을 때 분명히 후회할 것 같다. 난 영화감독이 되고 싶고, 그것을 하기 위해 지금부터 공부해 보고 싶다. 늦었지만 지금이라도 꿈을 위해서 도전해야 될 것 같다.'

 떨리는 마음으로 천장의 꺼진 등을 무심히 바라보면서 말했다. 몇 초간 정적이 흐른 뒤 진지하게 내 말을 들은 아내는 아주 시원하게 말했다. '1년이면 시간이 충분하냐고, 뭐가 되든 1년 동안 당신 하고 싶은 거 하라고, 뭐든 밀어 주겠다고. 우린 젊으니까 가능하다. 하고 싶은 거 못 하고 살면 평생 후회한다. 그 원망 듣고 사는 것보다 하고 싶은 거 하고 사는 게 나을 것 같다.'

 모든 남자가 다 그런 건 아니지만 힘든 결정의 순간, 어떻게 해야 할지 확신이 서지 않는 그 순간에 그 누구보다 확실한 믿음을 주는 건 여자의 판단이다. 역사적으로도 결단의 순간에 항상 여자들이 그 중심에 서 있지 않았을까. 지금도 그 당시 아내의 이야기는 내 평생의 뇌리에서 잊히지 않는 말이다. 순간 내 모든 고민은 따뜻한 봄볕에 눈이 녹아 씻겨 내려가듯이 다 쓸려 갔다.

그날 밤 아마도 미래의 나에게 펼쳐질 설렘과 두려움에 한 잠도 못 자고 설쳤던 것 같다. 그렇게 서른 살에 제2의 인생 도전이 시작되었다.

1-6

행복하면 눈물이 난다

  1999년 7월, 정든 나의 첫 회사생활을 정리했다. 많은 선배와 동기의 격려와 걱정을 뒤로하고 회사 정문을 나올 때 이제는 이 회사와 아무 관계가 없다고 생각하니 지난 2년 반 동안 나의 열정과 땀이 서려 있는 여기에서 보낸 많은 시간이 주마등처럼 지나갔다. 갑자기 대성통곡이 나왔다. 삼성 공채 37기, 삼성전기 부산공장 1기 공채에 최우수 모범신입사원, 현장에서 웃고 울던 기억, 현장 직원들과 부대끼면서 함께 웃으며 고생했던 시간, 20여 년이 지난 지금도 그때를 생각하면 가슴이 아리다.

내가 회사생활을 정리하고 제일 먼저 시작한 것은 어떻게 영화 연출의 꿈을 이룰 수 있을지 로드맵을 짜는 것이었다. 그러려면 최고의 목표를 정하는 것이 중요했다. '영화감독이 되고 싶다'는 것이 내 꿈이었다. 나이도 있고 영화에 대한 지식이 초짜 수준인 내가 영화감독이 되려면 무엇부터 해야 할까. 내 나이 서른이었기에 시간이 많지 않았다. 몇 날을 뒤지고 고민한 결과 영화감독이 되는 가장 빠르고 효율적인 방법을 찾았다. 바로 '한국영화아카데미'라는 영화학교에 진학하는 것이었다.

지금 시대에는 본인의 역량과 재능만 있다면 여러 학교에 진학하거나 전문학교 등 많은 방법이 있지만 그 당시에 내 꿈을 실현해 줄 곳은 영화아카데미가 유일했다. 전공과 나이에 관계없이 오직 실력과 재능만으로 선발하고 모든 학업 비용은 영화진흥공사에서 지원하며 졸업성적이 우수한 자부터 신인 영화감독으로서의 '입봉'(영화계에 처음 작품을 만들어서 진입하는 일)이 보장된 곳이기에 경쟁률이 치열했다. 그런 영화아카데미에 가려면 이론과 실기 시험을 거쳐야 했다. 지금은 어떻게 입시전형이 바뀌었는지 모르겠지만 그 당시 3차 시험을 통과해야 했다. 1차는 영화 전반의 이론을 점검하는 서면 시험, 2차는 10분가량 포트폴리오 실습작품 제출, 3차는 면접이었다. 쉽지 않은 도전이었다. 영화 전반의 이론을 가르쳐 주면서 직접 작품을 만들 수 있도록 도와줄 곳을 찾는 일이 시급했다.

영화 공부를 한다는 것, 정확히 말해 영화연출에 대한 A부터 Z까지를 가르쳐 주는 곳을 찾는다는 것이 서른 살인 내게는 어려운 일이었다. 다시 대학 공부를 해서 영화학과나 관련 학과에 진학하는 것은 일 년이라는 시간 내에 불가능하기 때문이다. 인터넷이 막 활성화되던 때여서 하루 종일 어떻게 하면 물리적으로나 시간적인 면에서 효율성 있게 할 수 있을지 인터넷 검색의 바다를 허우적거렸다.

그렇게 해서 찾은 곳이 서울 강남에 있는 서울필름아카데미였다. 영화에 대해 공부를 하고 싶거나 영화를 깊이 접하고 싶은 모두를 위해, 직업과 학업과 무관하게 3개월 안에 영화의 기초부터 실습까지 모두를 가르쳐 주는 곳이었다. '바로 이곳이다'라는 나의 직감대로 바로 일주일 뒤에 개강한다고 했다. 200만 원이 넘는 큰돈이었지만 석 달 회비를 선납하고 서울행 기차에 무작정 올라탔다. 작은형이 서울에 살고 있었기에 형 집에서 석 달만 신세를 지겠다고 일방적으로 통보하고 그렇게 서울생활을 시작했다.

작은형은 회사를 그만두고 무작정 올라온 내게 어떻게 된 일이냐고 물었지만 이제까지의 일을 상세히 말하기엔 너무 할 말이 많았다. 시간이 흘러가면서 차츰 형도 내 입장을 이해하고 지지해 주었다. 세월이 지난 지금 작은형과 그때를 떠올리며 얘기하다 보면 인생에서 그런 도전을 못 해 보고 살아왔던 자신보다는 내가 더 부럽다고 농담 아닌 농담을 하기도 한다. 그래도 당시에는 그런 동생이 미덥지 않고 불안했을 것이다.

서울에 올라와서 주변을 익히고 바로 서울영화아카데미(SFA)를 찾아갔다. 부산 촌놈이 서울에 와서 지하철 노선을 배우고 익히면서 강남역을 참 많이도 배회했다. 그곳은 강남역에서 옛 역삼세무서가 있던 블록으로 가는 지하철역에서 200미터 정도 떨어진 주택가 3층 건물의 3층과 옥탑방을 개조해서 만든 조그만 학원이었다. 겉에서 보면 아주 평범한 주택으로 보여서 반신반의하는 마음으로 SFA의 문을 두드렸다. 일반 가정집을 사무실로 개조한 곳이어서 첫 느낌은 매우 생소했다. '이게 뭐지? 소수정예 콘셉트 학원인가' 하는 인상을 받았다.

이루고자 하는 꿈이 있다면 그 꿈을 실현할 수 있는 길은 언제든 열려 있다. 다만 그 길이 너무 거창할 것이라는 기대와 순탄한 길만 가겠다는 자만을 버린다면 말이다. 서울에 와서 처음 강남역사 거리에 섰을 때 이 서울은 내게 기회의 땅이고 무한한 가능성을 주는 신기루같이 느껴졌다. 학원 시설이 허름하고 교육 환경이 열악했지만 나에겐 하루하루가 꿈만 같았다. SFA에서 정규 영화학과에서 배울 4년 동안의 이론과 실기를 3개월이라는 짧은 시간 동안 마스터해 나가야 했다. 각본, 편집, 촬영, 음향, 심지어 배우 대타까지 해야 했지만 마냥 행복한 시간이었다.

일주일에 2~3일은 학원에서 아침부터 밤까지 수업을 듣고, 주말에는 예술의전당에 있던 국립영상자료원에서 문이 열리는 시간부터 닫는 시간까지 정말 많은 영화를 봤다. 고전이건 현대물이건 멜로건 SF물이건 가리지 않고 닥치는 대로 섭렵했다. 그때 본 영상물이 천 편도 넘을 것이다. 영화 역사의 태동부터 장뤼크 고다르의 <네 멋대로 해라>부터 찰리 채플린의 <모던 타임즈>를 거쳐 쿠엔틴 타란티노와 로버트 로드리게스의 <새벽에서 황혼까지>를 잇는 서양 영화와, 김기영 감독의 <하녀>부터 임상수 감독이 새로이 해석한 <하녀>까지 매일매일을 영화라는 나만의 세상에서 행복했었다. 행복하면 눈물이 난다. 보통 행복하면 기쁨의 표현으로 웃음과 환희의 표정을 떠올리지만 나의 경험상 정말 행복할 때 눈물이 났다. 설명할 수 없는 묘한 기분의 눈물.

3개월간 SFA에서의 영화연출 과정을 마스터하고 영화아카데미의 실기 작품을 준비하던 12월의 어느 날로 기억이 된다. 그날도 밤늦게까지 영상자료원에서 영화를 보고 작품의 구도와 시놉시스를 정리하고 나오는데 그해의 첫눈이 내렸다. 예술의전당 앞 건널

목을 건너면서 큰아이를 출산하고 누워 있는 아내에게 전화를 걸었다. 아내는 자신의 몸 상태보다도 서울에서 밥을 굶고 있지는 않은지, 영화공부는 잘되고 있는지, 나와 관련된 걱정부터 물어보았다.

못난 가장으로서, 남편으로서 아내에게 해 준 게 아무것도 없는 때였지만 아내에게만은 그런 넋두리를 하고 싶지 않았다. 대신 나는 거의 12시간 이상을 영화의 바다에 묻혀 지내면서도 정말 행복한 시간을 보내고 있노라고 아내에게 말했다. 나는 아내에게 "내가 이렇게 행복해도 되는지, 당신에게 정말 미안하다"고 말하면서 지하철역까지 펑펑 울면서 걸었다. 그날따라 서울의 첫눈은 정말 많이 내렸다. 정말 아내에게 고마웠고, 행복하다는 감정을 진하게 느낀 날이었다.

그렇게 6개월간 SFA에서 영화에 빠져 나만의 '20분짜리 단편영화', 내 인생 최초의 창작물을 만들었고 그해 영화아카데미 입시에 제출했지만 나의 열정은 딱 거기까지였다. 2차 시험에서 불합격 통보를 받았을 때 눈앞은 깜깜해졌고 모든 것을 놓쳐 버린 허탈감에 몇 날을 괴로워했다. 하지만 후회도 미련도 없었다. 그 마음을 알았는지 아내는 수화기 너머로 "당신은 할 만큼 했으니 이제 모든 걸 잊고 그만 부산으로 내려오라"고 나지막이 말했다. 내 손에 쥔

휴대전화 위에서 세상 모르고 티 없이 웃는 아들의 얼굴 위로 물방울이 떨어졌다.

나는 행복한 사람이다. 이렇게 돌아갈 수 있는 가족이 있다는 것만으로 난 행복하다. 부산으로 돌아가는 서울역 앞, 그날도 눈이 참 많이도 왔다. 1999년 겨울의 서울은 지푸라기라도 잡고 싶었던 희망이면서 쓸쓸함을 준 아픈 곳이었다. 이십여 년이 지난 지금도 많은 이가 이곳에서 진정한 행복을 찾기 위해 고군분투하지만 과연 얼마나 많은 사람이 진정한 행복을 느끼며 살고 있을까?

진정 행복하면 눈물이 난다. 서른 살 내가 서울에서 맞은 겨울의 눈같이.

1-7

서울 상경

내가 현재 직장을 그만두고 앞으로 어떤 일을 할지는 모르지만 아마 자영업자로서 다시 영업을 한다면 최소한 영업 측면에서 다른 이들보다는 힘듦을 덜 느낄 것이다. 꼭 영업에 자신이 있어서가 아니라 많은 경험에서 나오는 내공이랄까, 하도 많이 이리저리 치이고 상처를 많이 입어 봐서인지 크게 두렵지가 않다.

지금 우리 세대는 언제나 새로운 인생의 2막을 준비해야 하는 시점에 놓여 있다. 예전의 내가, 예전의 나의 위치가 어땠는지 상관없이 똑같은 잣대와 시드머니로 내일의 시작선에 다시 설지도 모른다. 어쩌면 평생 영업을 하면서 살아야 할지도 모른다. 그때 우리에게 가장 필요한 무기는 뭘까? 아마도 무엇이든 할 수 있다는 마음가짐이 아닐까. 능력이 아니라 마음가짐, 언제나 영업을 할 자신이 있고 영업에 임하는 데 있어 부끄럽지 않은 마음가짐, 그것이 필요하다.

첫 직장생활과 서울에서의 영화 공부를 위한 인생이 내 인생의 1막이었다면 현재 영업의 세계로 인도해 준 특판팀이 내 인생의 2막인 셈이다. 영화연출을 하겠다는 꿈이 실패한 후 부산으로 돌아왔을 때 어떤 일을 해서 먹고살까 하는 고민이 내 앞에 놓였다. 큰아이가 태어난 지 백일이 채 안 된 상황에서 아내가 생계를 책임지는, 말 그대로 남자의 백수 생활이 시작되었다. 주위의 많은 선배와 예전 직장동료들이 나에게 많은 제의와 관심을 보여 주었다. 그 당시에는 보험영업이 특화되어 종신보험 상품을 파는 전문가가 생길 때였고, 전문보험사가 많은 돈을 버는 신종 직업으로 급부상하고 있었다. 하지만 왠지 보험영업을 하고 싶은 마음은 들지 않았다.

당시 나는 이왕 이리된 것 직장생활을 한다면 돈을 많이 벌 수 있는 직업을 선택해서 단기간에 많은 돈을 벌어야겠다는 생각에 꽂혀 있었다. 영업을 한다면 부피가 크고 단가가 센 걸 해 보겠다는, 조금은 허황된 오기가 있었는지도 모른다. 그래서 선택한 것이 자동차 영업이었다. IMF 구조조정으로 국내 자동차산업에서는 전문화와 수입차 개방 등 많은 부분에서 변화하고 있었다. 그런 상황에서 누구보다 자동차에 대한 지식이 풍부하고 메커니즘을 전공한 내게는 매력적인 아이템이었다. 언뜻 듣기로 자동차 판매수수료가 5~10퍼센트라고 했는데, 천만 원짜리 자동차를 한 대 팔면 최소 50만 원이고, 한 달에 4~5대만 팔아도 월 이삼백만 원은 벌겠다 싶어 구미가 당겼다.

우리 집 앞 자동차영업소에서 구인광고가 난 것을 보고 '그래 이거다. 한 5년만 고생해서 많은 돈을 벌어 보자'는 생각으로 아내에게 영업을 하겠다고 당찬 포부를 알렸다. 아내는 걱정 반, 응원 반으로 나에게 새로운 환경에 잘 적응할 수 있겠냐고 말했다. 다른 선택지가 없던 상황에서 무엇이든 잘할 수 있다는 용기와 자신감이 이미 두려움을 앞서고 있었다. 막 태어난 우리 아들을 위해서라면 못 할 일이 없었다. 현대자동차와 대우자동차 두 곳에 이력서를 냈는데, 먼저 대우자동차에서 면접을 보러 오라는 연락이 왔다. 당시 대우자동차는 IMF 회생으로 쌍용자동차를 인수하는 시점에서 다시 재기를 노리는 상황이었기에 왠지 현대자동차보다는 기회의 순간이 나에게 더 많을 것 같았다. 부산지역본부 면접장으로 향하는 내 머릿속에는 오직 영업을 잘하겠다는 열정이 꽉 차 있었기에 거침이 없었다. 무난하게 면접을 통과하고 드디어 영업의 첫발을 내딛게 되었다.

안산연수원에서 6주간 진행된 대우자동차 영업교육, 악명 높기로 소문난 영업교육 기간 동안 동기 백여 명과 함께 부대끼면서 전문영업인으로서의 지식과 소양을 키워 나갔다. 마지막 6주차 교육이 완료될 즈음, 본사에서 나왔다는 직원 한 무리가 별도로 연수생들을 면담하러 왔다. 점심 식사 후 나와 내 동기가 차출되어 면접실로 들어갔다. 우락부락하게 생겼지만 왠지 경호원 느낌이 나는, 어딘가 수상스러운 그 무리 중에서 연장자로 보이는 분이 대뜸 나에게 질문했다. "혹시 서울에서 근무할 생각이 있는지?" 이 무슨 뚱딴지 같은 소리인가. 다음 주면 내 고향 부산의 우리 집 바로 앞 영업소에서 개인영업을 하려고 지금껏 이 고생을 겪어 왔는데 말이다. 순간 내 입에서는 생각해 본 적이 없다는 답이 나왔다. 그럼 내일 다시 올 테니 생각해 보라는 말을 남기고 그분들은 돌아갔다. 물론 다른 동기생에게도 같은 질문을 했다. 순간 혼란스러웠다.

그분들이 돌아가고 나서 연수원 지도 선배에게 방금 그분들이 누구인지 물었다. 지도 선배는 특판팀이라는 부서에서 왔으며, 나에게 질문한 분은 특판팀장이라고 했다. 특판팀은 대량 물량을 판매하는 부서로서 관공서나 공기업, 공사 등 대기업 위주로 판매하는 특별한 부서이며 올해 처음으로 신입 영업 직원을 차출하고자 온 거라고 설명해 주었다. 동기 백여 명 가운데 4~5명만 추려서 면접하고 그중에서도 희망자만 선발한다는 것, 영업의 특별한 팀, 왠지 모르게 풍기는 오라(aura)가 심상치 않았던 점, 그리고 서울에서 생활해야 한다는 것. 지도 선배는 나에게 좋은 기회가 될 거라고 말했지만 그 짧은 순간에 판단할 수가 없었다. 교육이 끝난 후 식사도 하는 둥 마는 둥 하고 고민했다. 왠지 마지막 말이 귓가에 맴돌았다. '서울에서 근무해 보지 않겠나.'

평소처럼 수화기를 들고 아내에게 조심스럽게 말했다. 이번 주가 교육의 마지막이라는 것과 오늘 있었던 면접 이야기를 꺼내면서 당신의 생각은 어떤지 물었다. 아내는 대뜸 오늘 그런 일이 있었냐면서 이게 우리에겐 새로운 기회가 될 것 같으니 무조건 서울로 가자고 했다. 아내의 그런 적극적인 태도에 깜짝 놀랐고, 내가 알던 소심하고 차분한 모습이 아니라 선택의 순간에 남자보다 결단력 있는 아내의 소신에 한 번 더 놀랐다. 재차 진심이냐고 묻자 아내는 자신이 부산에서 정리하고 올라갈 테니 당신만 결정하라는 말까지 했다. 나는 더 혼란스러웠다.

내 인생의 2막이 어찌 될지 모른다는 두려움과 근심에 싸여 거의 뜬눈으로 밤을 보냈다. 다음 날, 어제 왔던 특판부장과 직원이 다시 찾아왔다. 어제와 똑같은 눈빛으로 나에게 생각을 해 봤냐는 말과 함께 내 대답을 기다렸다. 나는 천천히 입을 열었다. "예, 서울로 가겠습니다." 그분들의 입가에 흐릿한 미소가 떠올랐다. 나와 동기생 네 명을 선출한 후 연수가 끝나면 바로 서울역 앞에 있는 대우센터빌딩 12층으로 출근하라는 말을 하고 그분들은 자리를 떠났다. 부산에 내려가지도 못하고 바로 출근이다. 특판팀에서의 나의 첫 도전이 그렇게 시작되었다.

그날 그해의 마지막 눈이 안산에 내렸다. 펑펑 내리는 눈을 보면서 새롭게 다짐했다. 최고의 영업인이 되겠노라고.

1-8

초보 영업

특판팀에 배정되어 대우센터로 처음 출근했을 때가 잊히지 않는다. 영업이라는 타이틀을 달고 신입사원 같은 마음으로 서울역 앞 그 큰 빌딩에 발을 내딛는 순간, 앞으로 내 인생이 어떻게 펼쳐질지 알 수 없었기에 정말 어둠 속을 걷는 기분이었다. 12층 특판팀으로 향하는 복도의 무거운 공기가 내 떨리는 맘을 짓누르는 듯했다. 사무실 문을 열었을 때 선배 이십여 명의 눈빛이 동시에 나를 쳐다보았다. 치열한 영업 현장에서의 무서운 카리스마가 담긴 눈빛이었다. 지금은 특판팀 인원이 많이 줄어서 십여 명이지만 당시에는 직급별로 쟁쟁한 선배들이 많이 포진해 있었고 개성이 워낙 특출하여 가히 특판팀은 하나의 용병이자 특공대 같은 포스를 뿜

어내고 있었다.

처음 내 소개가 끝났을 때 이미 삼성 출신이라는 꼬리표가 붙은 경력 아닌 신입으로 낙인이 찍힌 후라 말투와 행동 가짐에서도 많은 조심을 해야 했다. 특히 서른 살이라는 적지 않은 나이로 차출되었기에 특판팀에는 나보다 어리거나 동갑인 직원도 있었다. 특판팀장님과의 면담이 끝나고 내가 배정된 곳은 직납팀이었다. 당시 특판팀은 세 파트였는데, 크게 군·조달 업무를 담당하는 관납팀, 경찰청·공기업 등 직접 납품을 담당하는 직납팀, 은행·렌터카 판매를 담당하는 법인팀 등이었다. 직납팀은 경찰청과 각국 대사관, 정부출자 기관이나 관공서 등을 대상으로 담당자가 배정되었고 내 위로 고참 선배 세 명이 있었다.

팀 배치가 끝났다고 해서 바로 업무를 부여하는 것이 아니었다. 당시 특판팀의 관례이자 독특한 의식으로 3개월간 특별한 훈련을 통과해야 했다. 바로 영업의 기초를 확실히 배우는 것이었다. 특판팀장님은 면담에서 3개월간 기본임금만 나온다고 설명했다. 쉽게 말해 인턴과 같이 초기 몇 개월간은 기초적인 임금만 지급하고 직원의 업무능력을 보고 나머지를 결정하는 시스템이었다.

그러면서 3개월간 개인영업을 해서 부족한 임금을 알아서 채우라고 했다. 너무 황당하면서도 앞이 안 보이는, 한마디로 '멘붕' 상황이었다. 생전 처음 온 서울, 그것도 서울의 한복판에서 누구에게 차를 팔라는 것일까? 친척이나 선후배에게 내가 어느 회사에 있는지 알리지도 못한 상황에서 그저 앞이 캄캄해졌다. 그날 밤 집에 와서 저녁을 먹는 둥 마는 둥 하는 나를 보며 아내는 첫 근무가 어땠는지, 어떤 분위기인지 궁금한 표정으로 꼬치꼬치 물어보았다. 3개월간의 기본임금에 관해 말했을 때 아내는 그 정도 가지고 뭘 그러냐는 듯 내 어깨를 툭툭 치며 잘할 수 있을 거라고 위로를 건네주었다.

두려웠다. 서울 어디에 가서, 누구에게 어떻게 차를 팔아야 할지 아무도 가르쳐 주지 않는 일을 나는 시작해야 한다. 이 정도도 각오하지 못했냐는 자책과 괜히 영업을 선택했다는 후회와 두려움 속에서 뒤척이며 내일부터 무엇을 해야 할지 되새기고 되새기다 잠을 설쳤다.

내가 처음 계획한 영업방식은 일단 많은 사람이 왕래하는 곳이 어딘지 표적지를 먼저 찾고, 누구를 대상으로 할지 타깃(표적 고객)을 설정하는 것이었다. 당시 대우센터에서 가장 가까운 곳에 있는 광화문네거리(신문사, 보험사, 대기업 등이 밀집된 장소)를 영업소구 장소로 택했고, 아침 출근 시간·그 지역의 직장인을 목표로 정했다. 5호선 광화문역과 1호선 시청역이 있고 유동인구가 많기에 당연히 확률적으로도 차를 구매할 가능성도 높을 거라고 판단했다. 그다음 무엇을 알릴 것인가를 계획했다.

당시 대우자동차에서 판매하는 차량은 경차부터 중형차가 주류를 이뤘기에 해당 상품 라인업을 간단히 소개하는 브로슈어나 가격표를 준다는 것은 양적으로나 재정적 면에서 효율성이 떨어졌다. 브로슈어나 가격표를 풍족하게 발행하던 때가 아니라서 무작위로 주는 것에 한계가 있었다. 그래서 생각해 낸 것이 한 장짜리 홍보물이었다. 회사 차량의 이미지만 넣고 각 차량의 특장점(예를 들어 월 십만 원대 할부로 구입 가능한 경차, 최고 연비로 월 이십만 원 이상 연료 절감) 등 그럴싸한 문구를 넣어서 궁금증을 유발하는 전략인데, 손수 편집해서 만들었다.

드디어 인쇄물 수천 장을 밤낮으로 출력해서 다음 날 출근 시간에 맞춰 사람들의 출입이 잦은 종로 방향 지하철 출구에서 대기했다. 그리고 영업을 시작했다. 아침 7시부터 9시가 되는 두 시간 동안 지나가는 천여 명 사람들에게 애써서 만든 나의 작품을 전달했다.
너무 열중해서 전달하다 보니 어떻게 줬는지, 무슨 말을 하면서 줬는지도 기억이 나지 않는다. 한 가지 확실한 것은 난생처음 사람들 앞에서 부끄러움을 불사하고 내가 이런 행동을 했다는 것이다.

자부심을 느끼면서도 한편으로는 창피하다는 이중적 마음이 들었다. 하지만 현실은 그리 호락호락하지 않았다. 곳곳에 버려진 내가 나눠 준 종이들, 무심코 받아서 보지도 않고 버린 내 노력들이 눈에 들어왔다. 현실은 냉정하고 냉엄하다. 예상했듯이 사흘간 고생한 노력에도 불구하고 전화가 단 한 통도 걸려 오지 않았다. 사람들이 관심이 없었던 것일까, 아니면 내 영업방식이 문제였을까. 무엇이 잘못됐는지 천천히 곱씹어 보았다.

대개 차를 구매할 때면 오랜 시간 숙고해서 산다. 또 관여도가 높은 제품이라 개인 취향이나 구매 선호, 사회적 위치 등 여러 가지를 고려한다. 특히나 혼자서 결정하기도 하지만 대부분 가족의 의견도 결정에 영향을 미친다. 자동차를 살 가능성이 높은 사람이 누구인지에 관해 놓치고 있었던 것이다. 무작위로 살포하는 영업방식은 당연히 통하지 않을 터였다.

사무실로 돌아와서 내 그을린 얼굴을 보면서 선배들은 한마디씩 툭툭 던지면서 지나갔다. 영업이 그리 호락호락하지 않다는 말과 힘내라는 응원을 함께 보내 주었다. 내게 필요한 건 해답인데, 아무도 나에게 자신들의 영업 노하우를 말해 주지는 않았다. 지나고 생각해 보면 당시 선배들은 내가 스스로 헤쳐 나가기를 기대했으리라. 선배들도 다 그렇게 거쳐 간 길이었을 것이다. 텅 빈 지하철 대기실에서 떠나가는 지하철을 바라보며, 한강 고수부지에서 흘러가는 강물을 보면서 그때만큼 신세 한탄을 많이 한 적도 없었던 것 같다.

지친 몸으로 집으로 돌아오면 해맑게 다가오는 아들의 살내음과 따뜻한 아내의 미소 속에 그런 걱정과 고민이 살얼음 녹듯 녹아 버렸지만 영업은 참으로 어렵게 느껴졌다.

그래 방식을 바꿔 보자. 이번에는 표적 업체나 특정 건물을 선정해서 특정 시간대에 판촉하는 방법을 계획했다. 광화문에는 여러 신문사가 많고 타 기업에 비해 출입 제약이 심하지는 않았다. 매 요일을 정해서 해당 신문사의 정문에서 출근 시간과 점심 시간을 이용해서 내 명함을 전달했다. 끼니도 거르고 얼굴도 그을렸지만 이번 기회가 마지막이라는 생각으로 열심히 돌렸다. 뛰어가서 드리고, 정중히 인사하며 힘찬 목소리로 돌리기도 했다. 언제든지 차량에 대한 구매 의사나 문의 사항이 있으면 연락을 달라는 말과 함께 월요일부터 금요일까지 해당 신문사 앞에서 기자와 직원을 대상으로 명함이 바닥이 나도록 돌리던 어느 날, 드디어 꿈에도 기다리던 전화 한 통이 걸려 왔다.

1-9

첫 고객

 누구나 인생에서 처음이라는 의미는 큰 비중을 차지하는 것 같다. 첫째 아이가 태어날 때의 흥분과 감동, 인생에서 첫 승리 또는 실패, 첫 번째가 무엇이든 소중하고 아련하고 기억에 오래 남듯이, 처음 영업의 길에 접어들어 아무도 없는 서울 한복판에서 브로슈어와 홍보물을 돌리면서 허탈감과 부끄러움이 교차했지만 그런 첫 경험은 지금의 나를 있게 해 준 소중한 선물이다. 앞에서 말한 수차례 현장 소구 활동의 끝에 드디어 구매의사 전화가 걸려 온 것이다.

 광화문의 대한매일신보(지금의 서울신문 사옥) 앞에서 사흘째 아침 출근 시간에 맞춰 홍보물을 돌리고 뜨끈한 라면으로 막 아침을 먹으려 할 때 전화가 왔다. 자신은 대한매일신보의 기자인데 며칠 동안 줬던 홍보물을 받았고 최근 차량 구입을 계획 중이었다고. 그러면서 출시된 지 얼마 되지 않은 모델인 레조(REZZO)에 관심이 있다고 했다. 그 전화를 받는데 가슴이 벅차고 어디서부터 어떻게 말해야 할지 몰라서 더듬거리고 있었다. 평소 머릿속에 생각해 두었던 매뉴얼대로 전화 응대가 되지 않았다. 일단 속으로 '침착하자, 침착하자' 되뇌면서 통화 내용을 메모했다. 고객의 요구사항대로 견적을 뽑아서 그날 오후에 만나기로 하고 전화를 끊은 뒤 흥분된 마음을 안고 사무실로 갔다.

선배들의 도움으로 견적서를 몇 종류 뽑고 막힘없이 설명하기 위해 카탈로그와 가격표를 다시 꼼꼼히 살폈다. 어떻게 하면 고객 앞에서 떨지 않고 프로페셔널하게 보일까 고민하면서 약속 시간을 기다렸다. 대한매일신보 건물 로비에서 고객을 만났다. 삼십 대 중반의 외모에서 기자의 오라가 느껴졌다. 순전히 내가 기자에 대해 가진 선입견인데, 왠지 노련해 보이고 취재하느라 찌든 복장이었던 것으로 기억된다.

그와 커피숍에 마주 앉아서 배운 대로 견적을 설명하고 차량 배송지와 결제조건, 준비서류 등을 차근차근 말하자 천천히 커피를 마시면서 나를 유심히 보던 그 기자가 대뜸 "처음 영업하시죠?"라고 허를 찌르는 질문을 했다. 순간 쑥스러움과 당황함이 몰려왔다. 어떻게 알았냐고 묻자 그는 아침에 땀 흘리면서 홍보 전단을 돌리는 내 모습을 며칠 동안 지켜봤다고 했다. 그 모습이 좋게 보여서, 자신이 아는 선후배가 많지만 내게서 사고 싶었다고 미소를 띤 채 말했다. 순간 그 앞에서 알몸이 돼 버린 듯했지만, 솔직하게 당신이 나의 첫 고객이며 내가 실수를 하더라도 너그러이 이해해 달라고 고백했다.

그는 차를 몇 번 사 봐서 대충 말하는 것은 다 알고 있다면서 시간 없으니 자신에게 무슨 서비스를 해 줄 수 있느냐고, 당신에게 차를 구입하면 어떤 점이 좋은지만 말해 달라고 했다. 그 당시 나는 수습 기간이어서 일반 대리점 직원처럼 수당이 나오는 것도 아니고 개인적인 수수료를 가지고 있지 않은 상황이라 어떻게 말해야 할지 몰랐다. "사실 저는 수습 직원이어서 일반 대리점 직원처럼 수수료가 없습니다. 하지만 지금 제가 약속드릴 수 있는 건 투명하고 솔직하게 고객님의 비용을 절감받을 수 있도록 노력하겠습니다. 저희 부서장님께 보고해서 할인을 받아 보겠습니다. 그리고 저의 첫 고객이시니 제가 이 회사에 있을 때까지 끝까지 책임지고 관리하겠습니다."

지금 생각하면 조금 황당하고 당돌한 발언이었지만 그에게는 솔직하게 보였는지 그는 한참 내 얼굴을 쳐다보더니 "그래요. 잘 관리해 줄 거라 믿어요"라고 말했다. 실수 없이 언제까지 꼭 차량을 달라고 하면서 사인을 해 주었다. 계약서에 사인을 받고 계약금을 받아 건물을 나올 때 나는 이 세상을 다 얻은 것 같은 기분이 들었다. 그래, 이제 시작이다. 꿈에 그리고 그리던 내 첫 고객이 드디어 생겼다. 그와의 인연으로 그 뒤 대한매일신보에서 차를 서너 대 더 판매했던 것 같다. 그 첫 고객이 소개해 주고 추천해 주신 여러분이 나의 고객이 되었고, 그와의 인연은 그 후로도 계속되었다.

어느 영업사원에게나 첫 고객의 추억은 아련하다. 감동일 수도 악몽일 수도 있지만 되돌아보면 그 첫 고객이 있었기에 지금의 내가 있다. 이따금씩 영업이 어렵고 두렵거나 싫증이 날 때 난 그때의 내 첫 고객을 생각한다. 그 고객 한 명을 만들려고 얼마나 많이 노력하고 땀을 쏟았는가. 땀은 속이지 않는다는 말처럼 포기하고 싶어질 때 반전은 일어난다. 케케묵은 말이지만 '영업은 참 어려우면서도 보람이 있다'는 말이 그때 나에게 작은 위로와 용기가 돼 주었다.

1-10

빌딩 타기

　오랜 기간 영업을 하신 선배님들이나 내 또래 영업맨은 '빌딩 타기'라는 말이 뭔지 단번에 알겠지만 요즘 영업하시는 후배들에게는 쉽게 다가오지 않을 수도 있다. 당시 서울 지리가 익숙하지 않아 선배의 차를 타고 다니면서 서울의 구석구석을 익혔다. 입사 당시 경력자 신분이었기에 나보다 어린 선배들도 있었다. 첫 영업을 경험하고 매일 선배들의 거래처에 같이 가면서 보조자로서 법인영업의 분위기를 파악하던 시기였다.

　아침부터 선배의 차를 타고 향한 곳은 여의도였다. 지금도 그렇지만 당시에도 여의도는 증권맨으로 대변되는 화이트칼라의 상징이었고, 고층건물부터 부산 촌놈을 압도하는 오라를 뿜어내고 있었다. CCMM빌딩(국민일보 건물) 앞에 멈췄을 때 선배가 내 얼굴을 쳐다보며 "오늘은 빌딩 타기를 합니다"라고 말했다. 이어서 빌딩 타기란 특판팀의 일원이 되기 위한 통과의식이며, 동시에 영업의 입문으로서 반드시 거쳐야 하는 신성한 의식과 같다며 일장 연설을 했다.

 빌딩 타기, 즉 한 건물에 들어가 각 층 사무실을 돌면서 자신의 명함을 돌리고 만나는 사람의 명함을 받아 오는 것이다. 흔히 영화나 드라마에서 영업을 멋있게 하는 사람들이 모르는 사무실에 들어가서 힘차게 자기 자신을 홍보하고 잘 부탁한다는 말과 함께 명함을 돌리는 모습을 떠올리며, 그렇게 어렵지 않을 것 같았고 해볼 만하다고 생각했다. 선배는 나에게 명함을 몇 장이나 받아 올 수 있겠냐고 물었다. 깊이 생각할 여유가 없던 나는 최소 20장 이상은 받아 올 수 있을 것 같다고 대답했다. "그래. 도전해 보는 거지"라며 선배는 몇 가지 유의사항을 알려 주고 두 시간을 줄 테니 시작하라고 했다.

 빌딩의 로비를 지나 엘리베이터를 향하는데 모두가 나를 쳐다보는 것 같았고, 어느덧 목덜미에는 땀방울이 맺히고 있었다. 어디서부터 시작할까 생각하다가 무작정 엘리베이터를 타고 최고층 버튼을 눌렀다. 최고층부터 한 층씩 내려가면서 해당 층의 사무실을 들르는 방식으로 하면 될 것 같았다. 그 당시 CCMM빌딩은 언론사와 일반 기업이 혼재해 있는 빌딩이었으며, 여의도에서도 꽤 많은 인원이 상주하는 건물이었다.

최고층에서 내리자 스포츠신문사 사무실이 있었다. 사무실 쪽으로 향하는 복도에 멍하니 서 있을 수밖에 없었다. 양복을 입고 조그만 가방을 들었지만 왠지 내 모습이 이 빌딩에 어울리지 않는, 딱 봐도 무엇인가를 팔러 온 영업사원처럼 어리숙하게 보였다. 심장이 점점 요동치고 있었다. 너무 긴장해서인지 땀도 많이 났다. 일단 복도 끝 화장실에 가서 세수를 하면서 주책없이 뛰는 내 심장을 달랬다. '왜 이럴까, 진정하자. 이기한, 넌 할 수 있어. 이 정도도 못 하면서 어떻게 영업을 할 수 있겠어.' 몇 번을 다짐하고 내 뺨을 때려 가면서 스스로를 채찍질했다.

복도로 나와 사무실 문손잡이를 잡았지만 손에 힘이 하나도 들어가지 않았다. 발걸음도 떨어지지 않았다. 순간 머릿속이 하얗게 되면서 뒷걸음쳐 화장실로 향했다. 조용히 변기에 앉아 머리를 잡고 생각했다. 왜 떨릴까. 무엇이 두려운 걸까. 나약한 자신도 싫었지만 이런 현실이 나를 억누르는 게 더더욱 싫었다. 순간 나를 믿고 서울에 온 아내와 천진난만한 큰아이의 얼굴이 스쳐 갔다. 최고의 영업사원이 되고 열심히 살겠다고 약속했던 내가 이런 거 하나 못 한다는 자괴감에 눈물이 핑 돌았다. 극복해야 한다. 해 보자. 할 수 있다. 다시 맘을 부여잡고 두 번째 도전을 위해 사무실 문손잡이를 잡았다.

 이번에는 힘차게 문을 열고 들어갔다. 사무실 내부가 눈앞에 펼쳐졌다. 40~50명이 각자 업무를 보고 있었다. 뒤돌아 앉아 있는 사람들, 문을 열고 들어오는 낯선 이방인의 얼굴을 쳐다보는 몇몇 앞자리의 사람들이 눈에 띄었다. 몇 초간 정적이 흘렀다. 나는 주먹을 불끈 쥐고 큰 소리로 외쳤다. "안녕하십니까!" 이 한마디에 모든 사람이 일제히 나를 쳐다보았다. 지금도 그 순간이 잊히지 않는다. 이어 내 소개를 했는데, 무슨 말을 했는지는 하나도 기억나지 않는다. 너무 긴장한 나머지 땀을 많이 흘렸지만 정신없는 와중에 모든 사람에게 명함을 돌렸다.

 이런 내 모습이 어떻게 보였을까. 대부분 외부 판매사원들이 자신의 사무실로 들어와서 영업행위를 하는 것을 한 번쯤 경험해 보았을 것이다. 대수롭지 않게 생각하거나 관심도 없었을 것이다. 나 또한 그랬다. 그런데 반대로 내가 그 상황이 되고 보니 그런 행동이 얼마나 큰 용기와 각오가 필요한 것인지 알게 됐다. 그렇게 한 층 한 층 빌딩을 타고 내려왔다. 한 번 용기 내서 해 보니 두 번째,

세 번째는 조금 쉽게 할 수 있게 됐다. 마지막 1층까지 내려왔을 때 내 윗옷은 다 젖었고 이마에 땀방울도 많이 맺혔다. 내 손에는 선배에게 장담한 명함 20장이 아니라 달랑 몇 장이 쥐어 있었다.

대부분의 사람이 그렇듯 처음 본 외부 영업사원에게 누가 자신의 명함을 선뜻 주겠는가. 순진한 영업 초짜의 생각이었을 뿐 아무도 쉽게 명함을 주지 않았다. 지금도 마찬가지일 것이다. 거리에 지나가는 초면인 사람에게 혹은 어디서든 간에 쉽게 자신의 명함을 줄 사람이 몇이나 될까. 그날 선배와 점심을 먹으면서 나는 말이 없었다. 선배는 그런 나를 보며 "영업이 참 어렵죠, 그죠?"라고 물었고, 나는 쓴웃음을 지으며 "아니요, 할 만합니다"라고 짧게 대답했다. 밥이 입으로 들어가는지 코로 들어가는지, 매운지 짠지, 아무 맛도 느낄 수가 없었다.

그날 오후에 혼자 한강 고수부지에 가서 한참을 울었다. 한없이 부끄럽고 창피한 내 모습에 실망해서 울었고, 보이지 않는 정글과 같은 영업의 현실에 두려워서 울었다. 요즘은 회사에서 빌딩 타기를 하는 영업사원이 잘 보이지 않는다. 영업 환경이 많이 바뀌고 온라인과 SNS가 활성화해서 그럴 수도 있겠지만, 이런 방식이 효과적이지 않다고 판단해서인지 회사에서도 트레이닝을 하지 않는 것 같다.

20년 전 그 CCMM빌딩을 가끔 차를 타고 지나간다. 혼자 옛 추억이 생각나서 피식 웃기도 한다. 그날의 긴장된 땀방울과 부끄러움의 눈물이 없었다면 지금 난 무엇을 하고 있을까. 그날의 빌딩 타기가 없었다면 나는 지금 어떻게 살아가고 있을까. 결론적으로 그날의 빌딩 타기를 거치며 영업인으로서의 현실을 알았고, 영업 앞에 한없이 조그마한 나를 발견했다. 어느 유명한 영화의 대사에 매너가 사람을 만든다고 했듯 '영업이 사람을 만든다(Sales makes man)'. 요즘도 이런 빌딩 타기를 영업의 과정으로 응용한다면 좋은 트레이닝으로서 효과가 있지 않을까 싶다. 너무 아재 같은 생각이라고 아내가 내 어깨를 치면서 웃는다.

1-11

사기를 당하다

영업을 해 본 사람들이 이구동성으로 자주 하는 말 중에 하나가 '사람을 조심하라'는 것이다. '사람을 믿지 말고 상황을 믿으라'는 영화 대사처럼, 실적에 쫓기고 당장 성과를 내야 하는 상황에서 실수를 해 고역을 치르는 경우가 많다. 처음 특판팀에서 개인차량 판매실적을 낸 이후 매달 실적에 대한 무언의 압박을 받을 즈음 사무실로 전화 한 통이 걸려 왔다. 대우센터 근처의 사무실인데 경차 구매 의사가 있으니 상담하러 와 달라고 했다. 그 당시 꽤 유명한 OO정수기 렌털 업체에 근무한다고 해서 쉽게 계약이 될 것 같은 기대감을 안고 찾아갔다.

대우센터 뒤편의 후미진 골목길에 있었는데 지점으로 보였다. 가르쳐 준 3층으로 올라가서 사무실 문을 열자 중년 남자가 반갑게 맞아 주었다. 당시 정수기 렌털사업은 활황으로 경기가 좋았다. 그분은 자신을 지점장이라고 소개했지만 눈빛이나 복장 상태로 봐서는 지점장으로 보이지 않았다. 사무실에 앉아 차 한잔을 마시면서 준비해 간 자료를 설명하고 판매 조건에 대해 말하려고 하는데, 다짜고짜 얼마를 할인해 줄 수 있는지부터 물었다. 고객을 몇 번 접해 본 경험이 있어서 현재 판매 조건은 어떠하고 저는 수당을 별도로 받는 일반 영업직원이 아니라서 회사에 품의를 받아서 최대한 지원해 드리겠다는 식으로 자연스럽게 유도해 갔다.

그분은 자기도 영업경력이 20년 넘어서 무슨 말인지 이해한다고 말하면서 잘해 달라는 둥, 열심히 하는 모습이 보기 좋다는 둥 내 기분을 엄청 띄워 주었다. 그러면서 대신 자신이 현재 차량 대금을 다 준비하진 못했는데 인도금으로 얼마를 내고 나머지 대금은 적금 해지해서 별도로 주겠으니 그렇게 해 달라는 조건을 내밀었다. 내용 그대로를 업무과 과장에게 보고하고 어떻게 하면 되는지를 여쭤 보니 관련 서류만 챙기면 문제없다는 식으로 말해 주었다. 차량이 준비되고 약속한 날짜에 일부 인도금과 할부 서류 등을 챙기고 신용 조회를 하자 신용불량 상태로 나와서 그의 명의로는 계약이 되지 않는다는 것을 알게 되었다.

지금은 할부 회사에서 전산에서 바로 확인할 수 있지만 당시에는 몇 단계 인증 절차를 거쳐서 확인하다 보니 시간이 많이 걸렸고 그마저도 원활하지가 못했다. 고객에게 그 사실을 통보하자 그는 일 처리를 잘하지 못했다면서 도리어 내게 화를 내고 계약하지 않겠다고 했다. 조금 황당하면서도 억울한 마음에 따지고 싶었지만 고객은 왕이기에 참고 받아 주었다. 일단 다른 가족 명의로 다시 진행하자고 권고하자 며칠 뒤에 한 여자분을 데리고 대우센터로 오셨다. 그러면서 그 여자분의 명의로 차량을 다시 계약할 테니 준비해 달라고 하면서 인도금과 관련 서류를 챙겨 왔다. 여차저차 나머지 인도금은 후불로 처리하고 징구 서류를 완비하고 차량을 출고했다.

출고 후 차량을 인도하고 나머지 인도금이 들어오기로 한 날, 다른 일로 잊고 있었던 나에게 업무과에서 연락이 왔다. 마감 시간이 다 되어 가는데 돈이 안 들어왔다고 했다. 무슨 일인가 싶어 계약자에게 전화를 했는데 받지 않았다. 다급한 마음에 직접 찾아갔는데 며칠 사이에 정수기 렌털 사무실은 비어 있었다. 순간 아차 싶은 마음이 들었다. 그 여자분이 당연히 아내일 거라고 생각했는데 주민등록등본상에 그가 아닌 다른 남자의 이름이 있었다는 것을 그때서야 기억해 냈다. 계약서를 다시 뒤져서 수차례 시도한 끝에 그 여자분과 통화했다. 그 여자 또한 그 사람과 불륜 관계였고, 차를 인도한 며칠 전부터 연락이 안 된다고 했다. 인도금과 할부금을 고스란히 이 여자에게 뒤집어씌우고 도망간 것이다.

순간 눈앞이 캄캄해졌다. 여자는 나에게 어떻게 하냐면서 울고 불고, 나는 나대로 그 사람을 어떻게 찾아야 할지 막막했다. 법적 책임은 계약자인 이 여자에게 있으니 회사는 그 여자에게 인도 후 불금을 청구할 수밖에 없다. 매일 대우센터로 찾아와서 사정을 봐 달라고 호소하는 여자를 회사로서는 구제할 방법이 없었다. 나는 며칠 동안 일이 손에 잡히지 않았다. 선한 인상, 구수한 말투, 겸손한 매너 등, 사기는 항상 가면을 쓰고 다가온다. 더군다나 순진한 신입 영업사원이던 내가 얼마나 만만하게 보였겠는가. 당해서 분하고, 그렇게 보인 나 자신에게도 화가 났다. 사라져 버린 그 사람을 찾는다는 건 쉬운 일이 아니었다. 그 여자도 못 찾을 것이다. 내가 도와줄 수 있는 거라곤 저당권 설정을 해서 그 차를 쉽게 처분하지 못하게 막는 방법밖에 없었다. 축 처져서 되돌아가는 그 여자의 뒷모습을 보면서, 서울에 와서 영업이란 걸 하면서 당해 본 첫 사기에 씁쓸해서, 순진하게 당한 내 모습에 씁쓸해서 연거푸 담배를 피웠다. 가끔 뉴스에 나오는 대형 사기사건을 보면 어쩌면 이런 사기는 약과일지도 모른다. 20년이 지난 지금 이런 생각을 해 본다. 그 양반은 뭘 하고 있을까? 그렇게 여러 사람 힘들게 해 놓고 발 뻗고 잘 살고 있을까?

1-12

대우센터와 용산역

특판팀에 발령받아 서울역 앞 대우센터 빌딩 12층에서 6년을 근무했다. 대우센터 빌딩은 서울을 대표하는 많은 애환이 서려 있는 갈색 건물이다. 지금도 가끔 업무차 그 앞을 지나가다 보면 지난날 내 영업의 혼이 묻어 있는 그 건물이 짠하게 느껴진다. 특판팀은 회사 내에서도 독특한 조직문화와 성향으로 많은 이의 인정과 견제를 동시에 받는 조직이었다. 회사 내에서는 영업의 최전선에 있으면서 사관학교와 같은 우수 영업 인재의 산실로서 특별한 대우를 받았다. 사장님 직속 영업 조직이다 보니 회사를 대표한다는 자부심도 있었고 다른 영업사원들과는 차별화된 엄격한 자세와 품위가 요구되기도 했다. 그래서인지 선배들이 풍기는 영업의 카리스

마가 장난이 아니었다.

처음 12층에 출근해서 신입사원 신고를 할 때는 선배들의 눈을 마주치는 것도 어려웠고 기수별 체계는 지금의 직장 문화로는 설명할 수 없을 만큼 엄격하고 강했다. 꼭 군대에서 자대배치를 받고 신고식을 하는 기분이었다. 매주 아침에 한 번씩 12층 복도에 집합, 일률적이면서 일사불란한 술자리, 특판팀만의 구호와 의리로 뭉친 조직. 지금 생각하면 구시대적 조직 문화라며 거부하고 혐오할 수 있지만 확실히 특판팀은 튀는 사람들이 뭉친 튀는 조직이었다. 영업의 베테랑이란 베테랑은 다 모여 있었고, 신입사원의 눈에는 선배들의 영업 포스가 가히 범접할 수 없을 만큼 빛났다. 승용차와 상용차, 버스 등 차종 담당별로 군납, 법인, 은행 등 업체별로 다양하게 판매하다 보니 맡은 업체의 특징에 따라 교과서적인 스타일부터 사교적인 스타일 등 선배들의 스타일은 각양각색이었다. 그들 모두 나에게 좋은 스승이었고 좋은 친구였다.

일반 사무직과 달리 영업은 하루에도 희로애락과 감정 변화가 많은 일이라 퇴근 후 포장마차에서 그날의 스트레스를 푸는 일이 더 많았다. 그날의 스트레스나 안 좋은 일은 바로바로 풀어야 한다는 선배님의 말씀처럼 용산역 앞 포장마차를 참 많이 갔었다. 지금은 개발되어서 없는 순대 골목이며 감자탕집 자리를 지나갈 때면,

이해할 수 없었던 업체 이야기나 실패한 나의 영업 실력에 화를 못 이겨 소주에, 순대에, 감자탕에 날려 버렸던 영업의 찌꺼기가 아직도 그 골목 여기저기에 묻어 있는 듯하다.

 특판팀으로 대표되었던 대우센터, 내 영업의 나래를 펼쳤던 그곳, 자질구레한 영업 이야기를 풀어놓던 용산역, 지금은 개발되어 주인이 바뀌고 대부분 떠났지만 내 인생 2막의 시작점이며 애환이 서려 있어서 그런지 지금도 그곳을 지나가면 한번 더 쳐다보게 된다. 누구에게나 제2의 고향이 있다. 나고 자란 육체의 고향이 아니라 성인으로서 자신을 성장하게 해 준 곳, 표현할 수 없는 기쁨과 먹먹한 슬픔이 서린 엄마의 품 같은 제2의 고향, 나에게 대우센터와 용산역은 그런 곳이다.

2장

차갑지만 치열했던
영업 이야기

2-1

영업은 상품이 49퍼센트, 사람이 51퍼센트

'영업은 상품이 49퍼센트, 사람이 51퍼센트이다.'

영업의 비법이 무엇이냐고 묻는 사람들에게
내가 자주 하는 말이다.

타 브랜드보다 뛰어난 제품, 시장 점유율이 높고 가성비가 좋은 상품이라면 못 팔 이유가 없고 회사가 성장하지 못할 이유가 없을 것이다. 그런데 우리 주위에는 뛰어난 제품이나 좋은 상품을 가지고도 판로나 마케팅, 홍보 등이 안 되어 죽을 쑤는 경우가 많다. 반대로 탁월한 입심과 대인관계로 무엇이든 팔 수 있는 슈퍼 영업사원이 있다고 해도 제품이 시장에서 인정받지 못하거나 타 브랜드보다 강점이 없다면 쉽게 지갑을 열지 않는 것이 요즈음 소비자의 마음이다. 이런 관점에서 내가 생각하는 진정한 영업의 비법은 팔고자 하는 상품과 파는 사람의 완벽한 조화라고 생각한다. 어쩌면 아주 쉽고 당연한 말을 하는 것같이 보이지만 이런 완벽한 조건을 갖춘 회사는 쉽게 찾아볼 수 없다. 나의 영업 이야기 중에 이러한 원칙을 극복한 사례가 있어 소개할까 한다.

처음 내가 '캡스(CAPS)'라는 회사를 알게 된 것은 2003년이다. 2000년 이후 우리나라의 경제 지형은 IMF 이후 IT기업의 기술혁신과 회사 자산과 비용처리의 아웃소싱이라는 선진 경제 시스템이 자리 잡으면서 인터넷이 생활의 중심이 되고 통제 수단이 되었다. 그러면서 개인 자산과 정보 보호의 필요성과 효율성이 비즈니스의 화두로 떠올랐다. 보안 경비업체 또한 우후죽순으로 생겨나면서 시큐리티 산업의 볼륨이 확대되어 가던 시점이었다. 그 당시 일본 기업을 벤치마킹한 삼성그룹 계열의 세콤과 국내 토종 기업인 캡스가 시큐리티 산업의 1, 2위를 점유하고 있었다. 사업 확장으로 긴급 출동 건이 급격히 늘어나고 가맹점 순회 점검 및 설치 등 유지관리에 사용할 목적으로 차량 구매가 확대될 것이라는 생각에 나는 캡스 본사로 전화를 걸었다. 처음엔 항상 그렇듯 무작정 나의 감(感)을 믿고 전화를 걸었다.

나의 소속과 전화를 건 목적(당신 회사에 관심이 많고 뭔가 좋은 파트너십이 생길 수 있을 것 같은 기대감 조금)을 명료하게 설명하는 게 첫 번째로 해야 할 일이다. 단, 전화기 너머 상대방의 얼굴 표정이나 관심도를 알 수 없다는 단점이 있다. 이럴 경우에 만남으로 연결할 수 있는 팁을 주자면 처음 전화는 오전 10~11시와 오후 2~3시를 피하는 것이 좋다. 대부분 기업에서 집중 근무 시간이거나 회의를 많이 하는 시간이기 때문이다. 바쁠 때 누군지도 모르고 받는 전화에 친절을 베풀 사람은 많지 않기 때문이다. 더군다나 판매나 할인 등 세일즈를 목적으로 하는 전화는 잡상인 프레임으로 묶여 무시당할 게 뻔하기 때문이다.

전화는 필요한 말만 하고 3분 이내, 상대방의 회사에 대한 적당한 관심, 만남의 여지를 남겨 둔 궁금함 정도로 하고 실질적인 약속을 잡는 게 좋다. 내 경험상 약속일과 시간은 상대방이 허락한다면 명확하게 하는 게 좋다. 대부분 업체 담당자는 첫 만남에 메모를 하거나 기록을 하지 않는 경우가 많기에 특정 요일과 시간을 명확히 하는 게 좋다. 혹시 잊어버리더라도 귀책을 업체에게 돌릴 수 있다.

다시 본 이야기로 돌아가서 처음 만난 캡스 담당자의 인상은 자신의 업무에 대한 자부심이 강했고, 내공이 센 고수처럼 보였다. 특판팀에서 3년 정도 특수영업의 스킬을 배운 내가 봐도 담당자의 눈빛과 말투에서 호락호락한 상대가 아님을 간파할 수 있었다. 캡스는 오토바이와 차량 200여 대를 직접 구매해서 출동 차량으로 이용하고 있었다. 최근 렌털 시스템을 도입하면서 비용처리 등 효율적인 차량관리와 현장관리의 방안을 모색하고 있을 때였다. 특히나 2교대라는 업무환경으로 시동이 꺼지지 않는 현장 특성상 비용절감과 내구성을 다 만족할 수 있는 방안을 구매팀에서 찾아야 했다.

우리 회사에서는 2.0급 승용 차량으로서 LPG 모델을 겸비한 '매그너스'가 막 출시되었고, 소위 캡스에 제공할 수 있는 포트폴리오로서 시승 차량을 운영하면서 담당의 마음에 얻어 갔다. 캡스에 접촉한 지 6개월이 되는 시점, 드디어 초도 물량으로 매그너스 50대를 계약했다. 나의 첫 FLEET(대량판매) 물량이었다. 캡스 고유의 CI를 입힌 도색과 특수장치(무전기, 경광등, 금고 등)를 장착하고 태어난 나의 첫 작품. 잠실운동장 주차장에서 진행된 차량 인도식에서 전국에서 차를 지급받으러 올라온 현장 출동 요원에게 일일이 인사하면서 차량의 특징을 설명해 주었다. 그러나 영업에는 항상 변수가 따르는 법이다. 차량을 인도하고 채 한 달도 되지 않았는데 현장에서 클레임이 갑자기 쏟아졌다.

경쟁사 차량에 비해 주행 중 시동 꺼짐, 브레이크 밀림 등 현장의 클레임이 쏟아지면서 구매 담당자도 난처해지는 상황이 발생했다. 안전과 직결된 사항이고, 특히 24시간 대기라는 혹독한 환경에서 사용하는 긴급 출동 차량이라 더더욱 시간과의 싸움이었다. 우선 차량을 정비사업소에 입고해서 원인을 파악하려 했다. 그런데 대부분의 AS 문제가 그렇듯 정비사업소에 입고하면 정비기술팀에서 일반적인 주행 테스트를 한두 번 해 보고 정상 수치 범위에 있으니 문제가 없다는 둥, 문제점이 나타나지 않으니 알 수 없다는 둥 황당한 솔루션을 내놓았다.

나는 우리 팀 최고의 AS 형님과 함께 문제가 가장 심한 지사를 직접 찾아갔다. 해당 차량을 직접 운행하고 체험해 보면서 어떤 상태에서 문제가 발생하는지 정확히 파악하고 싶었다. 경험으로 볼 때 대부분의 차량 운행자나 고객은 문제점을 설명하는 데 있어 추측이나 왜곡 또는 과장하는 경우도 있고, 운행 미숙이나 기능 인지가 부족한 경우에도 '문제'라고 말할 수 있기 때문이다. 일단 모든 차량은 문제가 발생하면 계기판에 경고등(에러 메시지)을 띄운다. 어떤 메시지가 점등되었느냐에 따라 처방이 다르고 원인도 역시

다르다. 시동 꺼짐이라는 간단한 현상이지만 그 원인은 여러 가지일 수 있다는 말이다.

LPG 엔진 특성상 발생하는 역화 현상, 불완전 가속을 할 때 흡입공기량의 불균형으로 생기는 엔진부조화 현상, 엔진의 숨구멍 역할을 하는 스로틀 보디 센서 오류 등 정확하게 진단하지 않으면 제대로 해결되지 않을 것이었다. 담당자인 나와 AS 팀장이 이러한 현상을 정확히 파악하는 게 맞다고 생각했다. 며칠 동안 지방의 지사를 돌면서 직접 문제 차량의 출동 요원과 차량을 몰아 보면서 그들이 말하는 문제의 순간을 찾기 위해 일부러 상황을 재연해 보기도 했다. 이러한 노력을 기울이면서 차량의 문제점을 찾는 것뿐 아니라 현장 출동 요원들의 운전 성향과 습성을 알게 되었다.

그렇다. 경비보안 업체는 타 업종보다도 차량 운행 조건이 가혹하고 열악하기에 내구성이 무엇보다 요구된다. 따라서 거기에 맞게끔 대응 방안을 짜야 한다. 이것이 며칠 동안 캡스 현장을 돌면서 느낀 나의 AS 대응 방향이었다. 그 후로도 캡스의 지사를 정기적으로 방문하면서 가 보지 않은 지사가 없을 정도였다. 그러면서 많은 명함을 건넨 덕분에 많은 전화를 직접 받는 수고를 했지만, 어쨌든 캡스의 AS 솔루션은 빠르고 정확해야만 했다. 그리고 이러한 AS 솔루션이 전국 어디에서도 동일한 프로세스로 이뤄져야 한다는 결론을 얻었다. 그 덕에 우리 회사의 전국 AS 센터에는 캡스 차량 우선 점검반도 생기고 문제가 발생하면 전국 어디에서도 쉽게 협조할 수 있도록 만들었다. 이 모든 일은 하루아침에 이뤄지지 않았다. 1년여 시간 동안 전국을 다니면서 일군 성과였다.

차는 사람이 만들었기에 언젠가는 노후하고 때로는 결함이나 문제가 일어날 수 있다. 하지만 얼마나 빨리, 그리고 정확하게 문제를 해결해 주느냐가 관건이다. 다행히 시동 꺼짐 문제는 개선 제품이 나오면서 점점 잦아들었고 브레이크 밀림은 ABS 장치(브레이크 제동 중에도 핸들 잠김이 일시적으로 풀리면서 조향 능력이 생겨 2차 충돌 방지를 막는 제동 보조 장치)의 인지 부족 해프닝으로 파악돼 전국을 돌면서 ABS 홍보에 앞장섰다.

당시 ABS 장치는 자동차회사의 의무 권고사항으로 캡스에서도 이런 ABS 장치에 대한 홍보에 나서게 되었다. 브레이크 밀림도 도대체 얼마나 밀린다는 것인지 직접 체크하기 위해 정비기술 담당 직원과 캡스 출동 요원과 같이 ABS 장착 차량과 아닌 차량을 비교 시승하면서 그 차이를 직접 시연해 보았다. 결론은 뻔히 알다시피 제동거리는 분명히 ABS 차량이 짧았지만 제동 후에 출동 방지를 위한 이동거리를 감안해 보면 큰 차이가 나지 않았다. 그것은 ABS가 장착되지 않은 차량만 운행하다가 ABS 장착 차량을 운행하면서 느끼는 심리적 인지거리의 차이였다.

그 이후로 캡스와 나의 인연은 십여 년간 차량 오백여 대를 공급하는 주요 거래처로 발전했고 개인적으로는 애증을 제일 많이 가졌던 업체로 기억된다. 그 애증 관계는 뒤에서 한 번 더 언급할 것이다.

세상에서 해결하지 못할 문제는 없다고 단정해서 말할 수는 없지만, 최소한 영업 현장에서는 논리적이고 효율적으로 문제 해결에 접근하고 고민한다면 방법을 찾을 수 있을 것이다. 다만 얼마나 효과적으로 전달하고 이해시킬 수 있는가가 관건이다. 포기하지 않고 끝까지 해결하고자 하는 열정, 내 차같이 생각하고 내 형제자매가 타는 차라는 마음으로 다가간다면 풀리지 않을 문제는 없다고 본다.

판매에서는 제품이 49퍼센트 역할을 하지만 나머지 51퍼센트는 영업사원의 능력이 좌우한다. 누구나 100퍼센트 품질 좋은 제품을 만들어서 팔고 싶을 것이다. 하지만 그것은 불가능하다. 대체할 수 있는 51퍼센트의 영업사원을 찾는 일이 더 빠를지도 모른다. 여기서 놓치지 말아야 하는 것은 그런 영업사원은 타고나는 것이 아니라 실패와 경험 통해서 만들어진다는 점이다.

2-2

최고의 파트너

지난 이십 년간 특판팀에서 근무하면서 차량 이만여 대를 판매한 것 같다.

한 해에 적게는 오백여 대에서 많게는 이천여 대가 넘는 판매 성과를 낸 적도 있었다. 단순히 수치상으로 대단하다고 말하는 이도 있고, 어떻게 그렇게 판매할 수 있느냐며 비법을 묻는 이도 있다. 영업 현장에서 많이 판매하고 실적을 내면 당연히 높은 평가를 받고 부러움의 대상이 될 것이다. 하지만 나는 이보다 더 중요하고 가치 있는 지표로 신뢰의 지속성을 말하고 싶다. 법인영업이라는 특성상 업무용 자동차의 구매 기준에는 적정 비용과 사용 적합

성, 사용자의 선호 등 여러 가지 요건이 있다. 지금 소개할 이야기는 구매 담당과의 신뢰와 믿음이 어떻게 현장에서 역전될 수 있는지를 보여 주는 좋은 사례일 것이다.

사조그룹은 우리 식탁의 좋은 먹거리를 만들어 내는 종합 식품 회사이다. 흔히 참치만 만드는 회사로 알고 있지만 식용유와 어묵, 소스류 등 다양한 제품을 제조하고 판매하는 업체이다. 그 회사와는 십 년 전 신규 업체로 인연을 맺고 현재 업무용 차량을 세 번 교체하는 동안 매번 우리 회사가 만든 차량을 이용하고 있다. 눈치가 빠른 사람이라면 서두를 이렇게 길게 말하는 이유를 알아챘을 것이다. 역시나 처음은 쉽지 않았다.

동원과 오뚜기라는 경쟁업체 속에서 사조는 선호도와 가격 경쟁에서 어려움을 겪고 있었다. 혁신적인 아이디어인 안심 따개를 최초로 개발한 데서 보듯 항상 고객을 우선하는 기업 문화에 내심 한 번은 거래하고 싶은 좋은 이미지를 지닌 업체였다.

처음 구매 담당인 박 차장을 만났을 때 회사에 대한 자부심과 비용을 절감하려는 의지가 매우 강한 사람이라는 인상을 받았다. 공개입찰로 차량을 선정할 것이며, 기존 직접 구매에서 비용을 절감하기 위해 월 렌털료를 내는 방식으로 전환한다는 말을 듣고 우리

차의 특장점을 떠올리며 어떻게 공략할지를 고민했다. 당시 여러 렌트사에서 관심을 가졌지만 먼저 사조에서 우리 차에 강한 선호도를 이끌어 내고 거기에 부합하는 경쟁력 있는 렌털료를 제시하는 것, 이것이 중요 전략이었다.

첫째로 우리 회사의 스파크를 구매 담당자와 현장 직원들이 직접 시승하고 평가할 수 있도록 장기간 대여를 추진했다. 첫 시승차를 지사별로 돌면서 보여 주고 타 보게 하면서 당시 경쟁차에 밀려 있던 우리 차의 선호도를 올리고 현장과 밀착 관계를 갖는 데 중점을 두었다. 당시 만났던 현장 영업 직원 중에는 우리 차에 대한 긍정과 부정이 혼재했다. 긍정적인 경우는 더욱 확고하게 해 주고 부정적인 경우는 판촉물로 호의를 베풀고 분위기를 바꾸려 했다. 또 선입견에 대해서는 논리적 반박으로 정면 돌파했다. 현장 영업 직원들의 선호를 중시하는 담당자에게 이러한 활동 의지는 좋은 피드백으로 작용했고, 평소 속내를 드러내 보이지 않던 박 차장도 점점 나에게 마음을 열었다.

둘째는 병력 백 명보다 확실한 우군 한 명을 만드는 것이었다. 담당자와 6년간 우정을 쌓을 수 있었던 데는 그와 취미와 성향을 공유한 게 바탕이 되었다. 당시에 나는 골프에 심취해 있었고 사조 담당자 또한 막 골프에 입문해 혼자 열심히 연습하고 있었다. 우리는 만날 때마다 서로의 스윙 폼이나 자세에 대해 허물없이 말해 주고 조언해 주는 사이가 되었다. 그러던 중 한창 유행하던 스크린골프(일주일에 한 번꼴로 다니고 있었다) 이야기를 하다가 자연스럽게 스크린골프 모임을 만들자고 제안했다. 한 달에 한 번 퇴근 후 스크린골프장에서 만나 짜장면과 소주를 먹으면서 같이 골프도 치고 조언도 해 주면 좋을 듯싶다고 하자 그가 흔쾌히 동의했다.

남자라면 누구나 좋아하는 승부에 목매고 그러면서 자연스럽게 가까워지는 법. 골프 모임 후 2차로 소주잔을 기울이면서 이런저런 이야기를 나누었다. 친한 선후배처럼 직장과 인생 고민을 허물없이 나누면서 비즈니스 관계가 아니라 인간적인 관계로 승화하는 계기가 되었다. 물론 차량 구매 시기가 가까워질수록 솔직한 내 마음과 의지를 그에게 보여 주면서 좋은 점수를 딸 수도 있었다. 9년 세월이 지난 지금도 우리는 필드와 스크린에서 정기적으로 만나면서 우정을 쌓아 가고 있다.

지금은 그 업계를 떠난 그 친구는 가끔씩 당시의 우리 만남을 추억하면서 그때가 자신의 스트레스와 진솔한 마음을 열었던 시기라고 말하곤 한다. 그런 말을 들을 때마다 생각되는 것은 영업이라는 것이 그리 고상하면서 특별한 게 아니라 개개인의 형편과 상황에 맞게 때로는 단순하면서 소박해져야 한다는 것이다.

당시에는 영업방식이 술과 운동 등 접대 문화가 다수일 때였다. 그러나 소소하고 유익한 이러한 관계는 더 큰 영업 효과를 가져오는 계기가 된다고 자부한다. 흔히 영업하는 사람들을 카멜레온이나 팔색조에 비유하곤 한다. 사람들은 이러한 것을 계산적이고 속물이라며 그리 좋아하지는 않지만, 나는 영업을 동경하거나 영업에 종사하고자 하는 사람이라면 꼭 갖추어야 할 자세라고 생각한다. 영업은 남에게 나를 맞추는 것이 아니라 나를 남에게 맞추는 직업이다. 유연한 사고와 능동적 에너지, 배려하는 마음을 지니지 않으면 쉽게 고수의 경지에 이를 수 없다.

9년이라는 시간이 지난 지금도 사조그룹은 나에게 최고의 파트너이자 VIP 고객이다. 담당자가 두 명이나 바뀌었지만 아직도 우리 회사의 차량을 절대적으로 사용해 주고 있다. 참으로 고마운 업체이다. 처음 담당자의 후임에서 또 그다음 후임으로 바뀌면서도 나에 대한 신뢰가 지속되고 있다. 서로의 회사를 걱정하고 아껴 주는 소소한 신뢰와 믿음, 이것이 바로 최고의 파트너가 될 수 있는 필요조건이 아닐까. 지금도 아내와 마트에서 장을 볼 때면 언제나 1순위로 사조그룹의 제품을 고른다. 왜 많은 제품 중에서 유독 그 회사 제품만 고집하느냐고 아내가 말한다. 우리 회사 제품을 장기간 사용하고 아껴 주는 그 회사와 담당자를 생각할 때 그게 내 나름의 의리를 지키는 방식이다. 가격이 중요한 것이 아니라 내가 생각하는 최고의 파트너를 위하는 신뢰와 믿음이기 때문이다. 내가 꼭 그 회사 제품을 사야 한다고 하니 이제는 아내도 말없이 따른다.

2-3

영업 현장은 치열하지만 언제나 배울 게 있다

이십여 년 동안 영업 현장에서 많은 파트너와 동료를 만났다.

치열한 영업 현장에서 때로는 협력자로, 때로는 경쟁자로 만났던 다양한 사람들에게 배우고 벤치마킹할 수 있었으며 오늘의 내가 있기까지 많은 도움이 되었다. 영업은 끊임없는 자기 수행이며 학습임을 알기에, 내가 만난 수많은 분 중 지(智), 덕(德), 용(勇) 면에서 많은 성취와 감동을 함께해 준 이가 많았다. 어느 분야에서나 탁월한 지식과 지혜를 겸비한 사람은 감동과 신뢰를 준다. 내가 만난 삼성카드 김 차장의 영업적인 감은 업계 최고라고 자부한다. '영업의 감'이라고 표현했지만 달리 말하면 위기상황에 대한 탁월한 대처능력이라고 하는 게 정확하다. 그와 여러 작품(영업에서의 대량판매)을 함께하면서 항상 두 수 앞을 내다보는 시각과 상황 변화에 능동적으로 대처하는 능력이 탁월해 많이 감탄했다.

2015년 A담배 업체의 업무용 차량 렌트 입찰이 있었다. 기존에 사용하던 H사의 소형 해치백 모델을 대체하는 경쟁 입찰이었다. 당시 우리 회사는 크루즈 해치백 모델을 막 출시했고 차량 크기나 연비, 가격 면에서 모두 열세한 상황이었다. 어떤 전략으로 접근해야 할지 감을 잡지 못하던 나에게 그는 열세 사항을 우세함으로 극복할 수 있는 비법을 제안했다. 일단 업체 특성상 트렁크 부분을 훨씬 넓게 사용함으로써 크기의 우위성을 확보하고, 경쟁사 대비 연비가 떨어지는 부분은 가솔린 대신 디젤 차량으로 제안해 극복하자고 했다. 물론 가격 면에서 가솔린보다 디젤 모델이 이백여만 원 더 비싸지만 기존 가솔린 차량과 비교할 때 디젤로 전환하면 대당 유지비용을 3만~5만 원 더 절감할 수 있다는 데 착안했다. 그래서 렌털비용 2만~3만 원 상승보다는 유지비 절감에 포인트를 두고 업체를 설득하자는 것이었다.

업체 담당자는 직원들에게 좀 더 큰 차를 준다는 이점과 약간이

나마 렌털비용을 인상하기보다는 유지비용 할인을 더 크게 받아들여 서로 이익에 부합하다고 판단하면서 그 입찰을 극적으로 따낼 수 있었다. 차량 150대가 넘는 규모였다. 당시 우리 회사에서는 해당 모델의 디젤 판매가 없었던 터라 디젤 판매 확대를 위해 더 적극적으로 지원해 주고 있었다. 그래서 더욱 무리 없이 순항할 수 있었다. 위기를 기회로 바꾸는 통찰력과 아이디어는 영업인에게 필수적인 요소이다. 타당한 논리와 전략적 아이디어만 있다면 어떤 어려운 상황에서도 좋은 기회를 찾아낼 수 있는 것이다.

영업인은 서비스 마인드와 고객을 배려해야 하는 감정노동에 노출되다 보니 친절한 이미지를 가져야 하고 을의 자세를 유지해야 하는 고충이 있다. 그러한 서비스 마인드 면에서는 내가 만난 대우자동차판매 AS팀의 한 직장님이 매우 출중하다고 자부한다. 지금은 현역에서 은퇴하셨지만 그분이 보여 준 서비스 마인드는 그 분야에 한정된 것이 아니라 인생을 살아가는 데 있어 훌륭한 표본이었다. 내가 특판팀의 막내로 막 입사해서 좌충우돌할 때 그 형님이 AS 파트너로 항상 같이 다녔다. 당시에는 업체를 방문할 경우 AS팀과 동행하는 것이 부서의 영업 방향이었다. 영업과 AS가 한 몸처럼 움직임으로써 대응 차원에서 차별화된 이미지와 신뢰를 주는 좋은 전략이었다. 지금 생각해 봐도 그러한 전략은 상호 보완적이면서 신참과 고참의 유기적인 결합에도 좋은 사례인 것 같다.

중앙선거관리위원회라고, 당시 과천에 있던 정부기관을 담당할 때 형님과 한 달에 두어 번 방문했다. 차량을 대량으로 구매하는 업체는 아니지만 같이 업체를 방문하면 워낙 노련하고 인덕이 풍부해서인지 업체 분들이 나보다는 그 형님을 더 반겼다. 당시에는 그것이 무엇을 의미하는지, 형님이 나에게 얼마나 큰 무기가 되어 주는지 느끼지 못했다.

 차량실의 계약직 운전사부터 정비고의 직원, 차량 담당자와 고위 임원까지 그 형님을 모르는 사람이 없었다. 형님이 이리도 인기가 좋은 게 그저 서글서글한 인상과 성실한 모습 때문만은 아닐 것이라고 막연히 짐작만 하고 있었다. 나중에 우연히 그 형님에 관해 업체 분들에게 이야기를 듣고 나서야 알았다. 내 전임 담당자가 워낙 이 업체를 관리하지 못한 탓도 있지만, 담당자와 관계없이 정기적으로 업체에 방문해서 이곳저곳 돌아보며 사람들에게 차량 운행은 잘하는지, 다른 문제는 없는지 살피고 물어보는 것, 우리 경쟁사의 차량이지만 문의가 오면 성실히 봐 주는 것, 주말이나 저녁에 긴급하게 연락이 와도 발 벗고 출동하고 챙겨 주는 마음 씀씀이. 이 모든 것이 그가 업체에 보여 주고 쌓아 두었던 덕이라는 것을 알게 되었다.

 그렇게 쌓아 둔 덕이 나의 영업에도 큰 힘이 되었다. 지금도 영업 현장에서 '영업을 어디서부터 어떻게 해야 하느냐'라는 질문을 받으면 아무도 신경 써 주지 않는 사람, 하찮다고 알아주지 않는 일부터 시작하라고 말해 주고 싶다. 업체의 한 사람 한 사람을 모두 챙기지는 못하지만 최소한 차별은 하지 않는 진심을 가지고 영업에 임하면 되는 것이다. 누가, 언제 구매 담당자가 될지 모르고 사람의 지위가 어떻게 변할지도 모른다. 그 형님을 통해서 나는 영업에 득을 많이 봤다. 내 영업력이 탁월해서가 아니라 그 형님의 후광 덕분이다. 형님이 떠난 곳에도 형님의 향기는 남아 있기 때문이다. 확실히 영업은 덕을 쌓아 가는 일임을 그때 알게 되었다.

2-4

접대도 기술이다

 영업을 하는 데 있어 접대가 필요 조건인 것은 맞다. 영업을 하면서 자신의 신념과 진심을 알리고 실현하는 중요한 자리이면서 때로는 좋은 무기가 될 수도 있다. 후배들에게 가끔 하는 이야기이지만, 영업을 하는 사람은 항상 마음속에 찌꺼기가 있거나 무거운 돌이 있으면 안 된다. 맞는 말이다. 세상 모든 분야의 일이 마찬가지이겠지만 특히나 영업은 얼굴이고 표현이고 마음가짐에서 비롯된다. 마음속에 불편함이 있고 잡념과 근심이 많으면 그의 얼굴과 태도에서 나타나면서 일을 그르치거나 기회를 놓칠 수도 있다. 그런 의미에서 접대는 득이 될 수도, 독이 될 수도 있다.

조금은 부끄럽고 치부 같은 이야기이지만 특판팀에서 영업의 영자를 조금씩 알아 가고 있을 때 우연하게 대량 업체를 뚫는 기회를 잡은 적이 있다. 회사의 대표전화로 걸려 온 건이었는데, 배송 차량을 구매해서 전국 마트에 배포할 계획이라며 우리 부서로 직접 구매 문의 전화를 한 것이었다. 사무실 당직이던 내가 전화를 받아서 그 회사 본사의 모 과장님과 미팅 약속을 잡고 고참과 같이 업체를 방문했다. 그 회사는 전방위적으로 사업을 펼치고 있는 상태여서 마트사업 또한 그 수요가 확대되고 있었다.

우여곡절 끝에 당시로서는 파격적인 이백여 대 발주를 받게 되었고 이런저런 시행착오를 겪으면서 첫 번째 나의 대량판매 작품을 완수했다. 하지만 일은 그 뒤에 발생했는데, 차량 납품 후 업체의 과장님이 왜 자주 안 들어오느냐는 둥 관리에 소홀하다는 둥 핀잔 아닌 핀잔을 주셨다. 그때는 그런 말이 무얼 뜻하는지 모를 때라 위에 보고했고, 임원께서 법인카드를 주면서 접대를 하라고 했다. 막상 서울 지리도 잘 모를 때고 접대를 어떻게 하는지도 모르는 나는 고참과 둘이서 과장님께 연락드리고 저녁 식사 약속을 잡았다.

지금 생각하니 그분이야 워낙 거래처가 많고 내가 신입사원이고 영업의 초보이다 보니 그냥 한번 찔러 보는 거였고 내 앞에서 우쭐

거리고 싶은 마음이 많았던 것 같다. 자기 집 근처 고급 식당을 잡고는 다른 사람들 모르게 오라고 신신당부도 하셨다. 1차로 고급 횟집에서 식사를 하면서 사무실에서 미처 말하지 못했던 나의 모자란 부분을 코치해 주셨고, 자신이 이 구매를 성사시키려고 얼마나 애썼는지 많은 자랑을 하셨다. 물론 지루하고 약간은 자존심이 상하기도 했지만 인생 선배님이고 갑이라는 생각에 참고 들었다.

이윽고 술이 거나하게 취하고 나자 이젠 형, 동생 하며 지내자고 했다. 앞으로 잘 밀어줄 테니 편하게 하라면서 격려 아닌 격려까지 해 주셨다. 1차 계산을 하고 나오면서 우리는 어깨동무를 하고 있었고, 그분이 미리 잡아 놓은 노래방으로 2차를 가고 있었다. 지금도 그렇지만 법인카드는 일반 식당 외에는 사용이 금지되어 있다. 나는 고참에게 어떻게 하냐는 눈짓을 보냈다. 그런 불편한 상황을 인식했는지 과장님은 뭐 하냐고 하면서, 이 정도도 안 되느냐고 역정을 내셨다. 우리는 일단 분위기가 어색해지면 안 된다고 판단하고 아무것도 아니니 어서 들어가자고 했다. 단골손님이신 듯 노래방 사장님은 미리 세팅을 해 두셨고 우리는 반 끌려가듯이 들어가게 되었다.

하지만 여기서 사달이 났다. 당시 나는 젊고 어릴 때라 흥을 맞추기에 혼자서도 충분했고, 고참과 과장님은 거나하게 취했기에 비용 절감 차원에서 도우미를 한 분만 불렀다. 물론 과장님 기분만 맞춰 드리면 충분하다고 판단했기에 그렇게 한 것이다. 한창 즐거운 분위기가 익어 가는데 갑자기 과장님이 술잔을 탁자에 쾅 내려놓으면서 큰소리를 치셨다. "야, 인마! 너 영업 이 따위밖에 못해?" 순간 침묵이 흘렀다.

불과 몇 분 전의 유쾌하던 모습과는 상반된 얼굴로 나에게 호통치시면서 계속 혼잣말로 불쾌하다고 중얼거리더니 그냥 나가 버렸다. '갑분싸'. 이 말이 딱 맞는 상황이었다. 순간 나와 고참은 멍하니 서로를 쳐다보았다. '우리가 뭘 잘못했지? 뭐지, 이 상황은?' 몇 초간 정적 후에 곧바로 뛰어나가 보니 과장님이 계산을 하려고 카운터 앞에 서 계셨다. 일단 앞을 막고 우리가 계산하고 나왔는데 가게 밖을 나와서도 나는 과장님 앞에 서서 훈육 아닌 훈육을 받아야 했다. "야, 네가 지금 무엇을 잘못했는지 알아?"부터 "너 인마, 그 정도밖에 안 되냐?"까지, 혀가 꼬인 채 소리치다가 택시를 타고 가 버렸다. 나는 내가 무엇을 잘못했는지 진짜 몰랐다. 과장님 옆에서 잘 웃고, 즐겁게 춤추고, 놀아 준 것밖에 없었다. 뭐가 잘못되었는지도 모른 채 나의 첫 접대는 찝찝하게 끝났다.

다음 날 회사에 출근해서 고참하고 커피를 마시면서 우리가 어제 무엇을 잘못해서 과장님이 그랬는지 곰곰 되짚어 보았다. 한참을 기억을 더듬던 고참이 조용히 말했다. "아마도 네가 너무 오버 했던 것 같아." 내가 뭘 오버했을까. 어제의 상황이 파노라마처럼 머릿속에 펼쳐졌다. 그렇게 잘 놀아 주고 노래도 잘 불렀고 기분도 잘 맞춰 줬는데 뭐가 오버였을까. 도무지 이해가 되지 않았다. 도 대체 과장님은 언제부터 기분이 나빠 있었던 것일까. 내 머리로는 도저히 감을 잡을 수가 없었다. 며칠 동안 생각하고 또 생각해도 알 수 없었다. 내가 무엇을 잘못했는지 궁금해서 미칠 것 같아서 결국 직접 물어보기로 했다.

다시 업체를 찾아가서 조용히 담당 과장님을 휴게실로 불러서 담배를 피우며 물어보았다. 그날 왜 그리하셨느냐고, 제가 무엇을 잘못했는지 말해 주면 고치겠다고 진심으로 여쭤봤다. 과장님은 본인도 술이 취해서 무슨 일이 있었는지를 모르는 건지, 아니면 알 면서도 모르는 체하는 건지 한참을 머쓱하게 말없이 담배만 피우 셨다. 이윽고 내 얼굴을 물끄러미 보더니 그의 입에서 나온 말은 "네가 너무 잘 놀아서 그랬다. 내 파트너가 너하고 너무 잘 어울려 서 그랬다"였다. 집에 돌아가 생각해 보니 자신도 내게 했던 말이 조금 심한 것 같고 부끄러워서 말하지 않으려 했는데 내가 너무 진 지하게 알고 싶다고 해서 말해 주는 거라고 했다. 다음부터는 업체 접대할 때 상대방의 취향을 배려해서 해피엔딩이 되게 하라는 충 고도 해 주셨다. 나는 그때 알았다. 우스운 소리 같지만 '접대도 기술'이라는 것을.

 최근에는 접대라는 표현을 잘 쓰지 않는다. 대신 감사와 화합의 모임으로 인식하는 게 현실이다. 하지만 상대를 대접한다는 단어 그대로의 뜻처럼, 영업을 하다 보면 상대방을 대접할 때는 자존심을 내려놓아야 할 때가 있고 어떤 경우에는 도플갱어처럼 나 아닌 다른 나를 표현해야 할 때도 있다.

 지금도 업체 사람들을 접대할 때는 어떤 음식을 좋아하고, 어떤 주제로 대화하기를 좋아하는지, 또 어떤 행동과 표현을 좋아하는지를 파악하려고 노력한다. 물론 사전에 알고 가는 게 가장 좋겠지만 그렇지 않다면 평소 상대방의 인품이나 성향, 분위기를 잘 기억해 놓는 것도 좋은 방법이다. 이는 접대만 위한 것이 아니라 상대방에 대한 배려이면서 영업기술이 아닐까.

2-5

공로상

　직장생활을 하면서 가장 즐거웠거나 기억나는 때가 언제인지 생각해 보면 아마도 자신의 실력이나 노력을 인정받았던 보상의 시간들일 것이다. 나도 이십여 년간 한 업무를 고집해 오면서 참 많은 상을 받았다. 작게는 이달의 우수사원이나 모범사원 상을 받았지만 2013~2015년 3연속 세일즈 부문 사장상도 수상했다. 개인적으로는 지금도 영광이고 되돌아보면 참 열심히 살아온 내 자신에게 주는 소중한 보상이었다. 그런 수상 중에서도 가장 기억에 남는 건 2010년에 수상한 공로상이다.

많고 많은 상 중에 그 상이 나에게 가장 소중한 이유는 그때 막 과장으로 승진했고 특판팀에서 근무한 지 만 10년 차에 수상한 것도 있지만, 사실 공로상이란 것이 통상 그 조직에 크게 이바지하거나 족적을 남긴 자에게 주는 상이 아닌가. 파랗게 젊은 내가 받는다고 했을 때 '내가 이 회사를 위해 무엇을 했기에 이 상을 주는 걸까' 생각하지 않을 수 없었다. 그동안 특판팀은 제2의 성장을 했고 많은 인원이 보충되었다. 판매에서도 두 배 넘는 실적을 달성했으니 회사의 성장 동력에 이바지했음은 사실이지만 그건 우리 특판팀 임원 이하 전원이 노력해서 이뤄 낸 결과였다. 그것을 대표해서 내가 받는다고 생각하니 내심 부끄럽고 책임감을 많이 느꼈다. 지나고 생각해 보니 당시 사장님이나 담당 임원이 보시기에 제일 젊고 열정적이었던 내가 많이 눈에 띄었던 것 같다.

 공로상을 수상하려고 단상에 올라갔을 때 사장님께서 나에게 하셨던 말씀이 기억난다. "이 상은 앞으로 더 회사를 위해, 자기 자신을 위해 공로를 다하라는 의미로 수여한다." 지나고 보니 지금의 내가 이 일을 계속해서 할 수 있게 한 단순한 원칙이다. 바로 이 회사를 위해, 나를 위해 공로를 다하라는 말이었다. 요즘 말대로 꼰대 같고 약간 구닥다리 같은 말이지만 사실 우리 인생에서 이런 원칙을 지키고 행한다는 게 쉬운 일이 아니다. 자신의 일(영업)에 가치를 부여하고 어떤 원칙과 목적을 가지고 행할 때 신중하고 치열하게 고민하는 영업맨이 찾아보기 힘들다고 느끼는 건 나만의 생각일까. 아예 그런 고민조차 할 시간도 없이 일에 치이고 평가에 치우쳐 맹목적으로 영업을 하고 있는 건 아닐까. 한번 생각해 봤으면 한다.

공로를 다한다는 말을 사전적으로 풀이하면, 자신의 직무에 자부심을 가지고 최선의 결과를 위해 노력하고 실행하는 것이다. 영업이라는 게 때로는 노력한 만큼 결과를 얻지 못할 때도 있고, 자부심을 가지고 임한다고 해도 외부 환경이나 경쟁에서 쉽게 흔들리고 무너져 좌절하기도 한다. 그러나 그 모습을 지켜보는 동료나 상사나 고객은 그 사람의 공로가 그 조직에, 그 회사에, 때로는 그 브랜드에 어떤 영향을 미치는지 잘 알고 있다. 현재 영업을 하고 있거나 영업을 꿈꾸는 후배들에게 10년 전에 내가 들었던 말의 그 느낌이 공유되기를 원한다.

앞으로 당신의 공로상이 여러분 자신을 위해, 여러분이 속한 조직을 위해 당신을 기다리고 있음을 기억해 주기 바란다. 오늘도 서재 한편에서 묵묵히 나를 지켜보고 있는 이 공로상이 가끔은 내 맘속에 무거운 쇳덩이 같고 회초리 같기도 하다. 내 인생에서 한눈을 팔지 못하게 하는 파수꾼처럼.

2-6

천지인의 도움이 없으면
작품은 만들어지지 않는다

　너무 거창한 말로 표현했나 싶지만 이십여 년을 영업 현장에서 수많은 대형 입찰 건을 진행해 보면서 자연스럽게 느꼈고 몸에 각인된 말이다. 쉽게 표현해서 '뭐든지 먹어 본 사람이 더 잘 시키고, 해 본 사람이 더 잘하는 법이다'라는 세상의 진리 같은 말과 비슷한 뉘앙스라고 할까.

　영업은 쉽게 이뤄지지 않는다. 몇 시간, 아니 몇 달간 노력을 기울여도 때가 맞지 않아서 계약이 되지 않을 때도 있고, 몇 달 동안

공들여 온 인적 관계가 인사이동이나 여타 사건으로 인해 나와 적대적인 업무 담당으로 배정되는 경우도 있다. 몇 달 동안 잘 만들어 온 상품 홍보와 전략이 제품 단종이나 결함 등으로 치명타를 입는 경우도 종종 있었다. 규모가 큰 영업을 준비할 때는 하늘과 땅과 사람의 도움이 절대적으로 필요하다. 지난 영업의 시간 동안 나에게도 이러한 천지인의 기회는 많이 있었다. 그중에서 2015년에 있었던 한국OO공사의 업무용 차량 입찰과 관련된 영업 이야기를 소개한다.

지금도 단일, 단기간 물량으로 한 번에 많은 물량을 입찰하는 사례는 많지 않은데, 해당 공사의 입찰은 관련 모든 제조사와 렌트사에게는 초미의 관심 대상이었다. 입찰이 있기 한 해 전부터 나는 부서장과 임원에게 해당 업체의 입찰을 보고하고 어떻게 접근할지에 관해 논의했다. 당시 우리 회사와 팀에서는 우리가 그런 큰 건을 따낼 수 있을지에 대해 회의적이었다. 한 번도 최대 물량을 해본 적이 없고 가격적인 면에서 경쟁사와 격차가 워낙 컸고 상품성에서도 열세라고 생각했기 때문이다. 물론 나 자신도 이 건을 우리가 당연히 따내리라는 확신은 없었지만 한번 도전해 볼 만한 가치는 충분하다고 생각했다.

당시 정부가 공사·공기업 지방 이전 정책을 펴면서 그 회사도 전주혁신도시에 자리 잡게 되었다. 상견례 차원에서 담당자와 방문 약속을 했다. 전주로 내려가는 차에서 앞으로 1년간 어떤 전략과 마음가짐으로 장기전에 임해야 할지 여러 생각이 들었지만 생각할수록 머릿속이 복잡해졌다. '그냥 부딪쳐 보자. 그들의 니즈가 무엇인지, 무엇이 가능하고 불가능한지 먼저 파악해 보자.' 이런 복잡한 생각 속에 어느덧 웅장한 정문에 다다랐다.

그곳을 방문했을 때 사무실 스타일이나 직원들의 복장에서 공무원 같은 느낌이랄까, 어딘지 모르게 지휘체계나 사무실 배치 등에서 관공서에 방문한 느낌을 받았다. 그도 그럴 것이 처음 상견례를 한 지원팀의 담당 과장님과 팀장님이 거의 이삼십 년간 직장생활을 하신 분들 같았다. 직원들이 대부분 현장직으로 입사해 지사와 본사를 두루 거쳐 현장과 관리 업무를 하면서 최소한 이삼십 년 넘은 분들이 꽤 많다는 사실을 나중에 알게 되었다. 그렇다 보니 공무원 같은 조직문화와 업무 스타일이 자연스레 젖어 있는 게 당연했다.

처음 만난 담당 과장님은 내 또래의 현장 경험이 많으신 분이었다. 성격이 유하고 친근감이 남달랐다. 대개 처음 업체를 방문할 경우 첫인상이 정말 중요한데, 담당과의 궁합이 일의 절반 이상을 차지한다고 해도 과언이 아니다. 앞서 사조그룹이나 캡스 사례에서 말했듯 그 중요성은 새삼 강조해도 부족하지 않다. 이곳은 조금 특이했다. 해당 업체의 입찰 과정에 차량선정위원회라는 별도 독립기구가 있었다. 입찰 과정의 투명성, 차량 선정 방법, 입찰 방식 결정 등에 노사가 동등한 인원으로 구성된 그 위원회에서 절대적인 결정권을 가지고 있다는 점이었다. 그렇다 보니 당연히 이 선정위원회 구성원과의 교류와 피드백이 이 프로젝트의 승부를 가른다고 할 수 있었다.

나는 먼저 차량선정위원회의 절반을 차지하는 노조 측 인사들부터 먼저 공략해야겠다고 생각했다. 몇 번 재방문하면서 노조의 복지부장과 부지부장 등 차량선정위원회 핵심 인사들의 교감을 얻기 위해 노력했다. 최소 한 달에 한 번 이상 방문해 노조 사무실에서 차를 마시면서 차량 이야기, 회사 이야기, 지부 상황 등 도움이 될 만한 아무 이야기를 하면서 그들에게 점점 다가갔다. 특히 일부러 비 오는 날 노조 사무실에 방문해서 이런저런 이야기를 나누었다. 저녁을 먹고 서울로 올라간다는 핑계로 사무실 직원들과 자연스럽게 저녁 식사를 하기도 하면서 사적인 관계 형성에 주력했다.

노조 측을 먼저 공략한 이유는, 전체적인 차량 선정권에 대한 현장의 목소리를 강조하는 회사 분위기를 느꼈고, 노조의 입김이 세다는 것을 직감했기 때문이다. 그 감은 역시나 여러 가지 우선 혜택을 만드는 밑거름이 되었다. 수시로 안부 전화를 하고 시승 차량 제공 등 우리 회사와 차량에 대한 관심을 먼저 일으킴으로써 입찰의 분위기를 주도하고자 하는 전략이었다. 물론 사측 담당 과장과 팀장에게도 수시로 접촉하면서 어떻게 하면 입찰에서 우선권을 잡을 수 있을지를 파악하려고 노력했다.

그러던 중 사측 담당 과장과 차 한잔을 마시는데 그동안 나의 부단한 노력을 가상하게 느꼈는지 그의 입에서 어렵게 말이 나왔다. '도움이 될지 모르겠지만 현재 쓰고 있는 현장 차량에 대한 현장 직원들의 불만을 개선할 수 있는 아이디어가 있는지, 그걸 해결하면 차량 선정에서 좋은 점수를 받을 수 있다'는 내용이었다. 나는 그때까지 입찰에서 어떻게 가격경쟁력을 가져가야 할지(그 당시 최저가 입찰이었다), 어떻게 렌터카 회사와 전략적으로 연계할지 그런 것에만 초점을 맞추고 있었다. 담당 과장의 그 말은 내 머릿속에 큰 울림으로 왔고 '왜 그 생각을 못 했을까' 싶었다.

가격도 인적 관계도 중요하지만 고객의 마음을 사는 것, 제일 중요한 사용자의 편익과 일상에서의 불편함을 없애는 것. 이게 가장 중요한 포인트인데, 그때의 나는 그것을 놓치고 있었다.

그래, 돌아가서 기본에서 다시 생각해 보자. '나는 이 회사에 우리 차량을 공급하고 싶고, 그러려면 차량선정위원회의 까다로운 선정 항목에서 좋은 점수를 받아야 한다. 그 항목은 가격과 성능, 편의성, 업무 부합, 내구성 등 많은 소프트웨어와 하드웨어적인 부분이다. 모든 회사의 차량은 대동소이하다. 출력이나 성능은 물론이고 편의사양이나 공간 활용 등 하드웨어적인 부분에서 거의 차이가 없다. 그렇다면 감성적·업무적 만족도를 누가 더 줄 수 있느냐가 핵심이다. 내가 지금 할 수 있는 건 그 부분을 찾아서 차별화하는 것이다.' 그때 내가 깨달은 생각이었다.

이렇게 결론을 내고 담당 과장에게 진지하게 되물었다. 과장님이 저를 좀 도와줄 수 있는지, 몇 개 지사의 현장 직원들과 개별 인터뷰를 해서 차량 운행상 느끼는 불만이 무엇인지 먼저 알고 싶다고, 또 가능하다면 현장의 차량 운행 스타일도 직접 보고 싶으니 가능한 지사를 연결해 달라고. 담당 과장은 흔쾌히 자신이 전에 근무했던 지사의 지사장과 팀장 등 몇 분의 연락처를 제공해 주었고 직접 가 볼 수 있도록 주선해 주었다. 그렇게 나는 몇 군데 현장을 직접 방문하면서 해답을 찾아보기로 했다.

맨 처음 지사를 찾아갔을 때 느낀 점은 생각보다 현장 직원들이 고생을 많이 한다는 것이었다. 우리나라 국토를 정확하게 측량하고 지도를 제작하는 등 우리가 쉽게 생각하거나 잘 알려지지 않았던 그 일이, 사실은 너무도 중요하고 실생활에 밀접하게 연관돼 있음을 알고 새삼 현장 직원들의 노고에 감사한 마음이 들었다.

현장 직원들이 타는 차량은 3년 전 공급된 K사의 소형 SUV 차량이었다. 험준한 산악과 비포장도로를 자주 다니다 보니 무엇보다 내구성과 승차감, 공간 활용성이 요구되었고 실제 사용자들의 불만도 여기에서 기인했다. 측량팀장님과 현장관리 직원들을 인터뷰하면서 차량에 대한 불만을 조목조목 적다 보니 '현장 속에 해답이 있다'는 평범한 진리에 도달하게 되었다. 직원들은 차량에 측량대, 비상 사다리 등 최소 30~40kg 이상 되는 각종 측량기구를 항상 싣고 다녔기에 소음과 진동, 안전사고 등에 항상 노출되어 있었다. 실제로 장비를 무작위로 싣고 다녀서 차량이 파손되는 일까지 있었다. 어떻게 하면 이런 점을 개선할 수 있을까?

거기에 착안해서 나온 것이 바로 우리가 제안한 '맞춤형 트렁크 장비 수납 패키지'였다. 특장업체와 협업해서 우리 회사의 캡티바 차량에 장비를 효율적으로 수납할 수 있는 패키지 장치를 단 것이었다. 측량대, 겨냥대, 각종 기구의 충격을 최대한 흡수할 수 있는 흡음재를 대고, 넣고 빼기 쉽게 하는 아이디어였다. 몇 차례 시제품 테스트를 거쳐서 최소 비용으로 최대 효과를 낼 수 있는 패키지 장치를 만들어 냈다.

 차량선정위원회의 심사가 있던 날, 현장에서 차량 프레젠테이션을 하면서 히든카드로 숨겨 놨던 패키지 장치를 공개했을 때 위원들의 흥분된 모습을 아직도 잊을 수 없다. 실로 차별화된 전략이 주효했다. 물론 입찰에는 여러 가지 항목과 변수가 작용해서 선정되지만 현장 직원들의 애로를 풀어 줬다는 것과 직원 편의 중심으로 접했다는 점에서 우리 회사가 많은 점수를 딸 수 있었다. 3차에 걸친 힘든 입찰 과정을 거쳐 그해 가장 큰 입찰에 우리가 성공했다. 907대라는, 단일물량 최대 실적을 거두었다. 나의 특판 생활 이십여 년간 가장 자랑스럽고 최고의 성취감을 준 사건이었다.

 여기에는 많은 이의 노력과 아이디어, 그리고 협업이 있었다. 서두에 말했듯, 천지인(天地人)의 도움이 절묘했다. 담당 과장님과 노조 관계자들의 격려와 지원, 지사 현장 직원들의 솔직한 의견과 아이디어, 때마침 적극 협조해 주었던 특장 업체, 그리고 마지막까지 히든카드로 비밀을 보장해 줬던 렌터카 관계 직원들, 이런 때와 장소와 인력들이 잘 맞아떨어지지 않았다면 그 큰 계약이 우리에게 오지 않았을 것이다.

 지금도 후배 직원들이 그런 큰 물량을 어떻게 따낼 수 있었냐고 물어본다. 그러면 이렇게 말한다. "진정한 작품은 하늘의 기다림과 땅의 기운, 그리고 많은 사람의 도움이 없으면 절대 이루어지지 않지요."

2-7

45일 프로젝트 Ⅰ

　영업하면서 탁월한 개인 능력으로 성과를 내는 것 이상 짜릿하고 즐거운 일도 없을 것이다. 하지만 그 못지않게 극한의 시간이나 공간 속에서 해내야 하는 미션과 같은 절박함과의 다툼을 경험했다면 말이 달라진다. 내가 특판팀에서 해 왔던 이십여 년간의 활동 중에서 이런 다이내믹하고 절박한 경험을 여러분과 공유하고자 한다. 아마 어떤 프로젝트를 기획하거나 실행해야 하는 단계에서 사례가 없거나 경험이 없어서 어디서부터 어떻게 일을 진행해야 할지 막막한 처지에 놓인 영업맨에게는 '어쩌면 나한테 꼭 필요한 얘기야'라고 할지도 모르겠다.

앞서 언급한 2015년 한국OO공사의 907대 업무용 차량 입찰에 낙찰된 후 계약부터 납품까지 있었던 다이내믹한 이야기를 써 볼까 한다. 2015년 7월, 근 1년여 간에 걸친 기나긴 노력을 바탕으로 낙찰된 기쁨도 잠시였다. 45일 이내에 계약부터 해당 지사로 납차까지 완료하지 않으면 지체보상금(차량이 제조사의 사정이나 형편으로 납차 시기가 지연될 때 물리는 일종의 위약금)을 내야 한다는 소리를 들은 것이다. 순간 '멘붕'이 왔다. 자동차업계에 있는 사람이라면 알겠지만 차량을 신규 생산하는 단계가 생산 오더부터 자재 준비, 시퀀스 배정(생산계획), 생산 공정(프레스부터 조립, 검사)까지 최소 4~5주가 소요된다는 점을 감안하면 45일이라는 시간은 거의 불가능에 가까운 요구 조건이었다. 특히나 그 당시에 우리 회사에서는 해당 차량을 만들기 위해서 특별히 디콘텐츠(옵션을 줄여 단가를 낮추는 것)까지 요청한 사양이라 생산부터 물류, 품질, 부품 파트 어느 한 곳에서라도 적극적으로 도움을 주지 않는다면 더더욱 불가능한 시간이었다.

낙찰한 기쁨도 잠시, 바로 다음 날 관련 부서 소집을 요청했다. 파트별 실무 담당부터 해당 팀장까지 30여 분간 진행할 프레젠테이션을 준비하면서 손에 흥건하게 땀이 찼다. 이름하여 '45일 프로젝트'의 시작이었다. 긴장감 있게 회의를 진행해 나가면서 안 되는 게 무엇인지부터 짚어 갔다. 긴박한 일일수록 놓치는 부분이 생길 수 있기에 항상 리스크가 무엇인지부터 짚는 것이 습관이 되어 있었다. 가장 어려운 부분을 먼저 해결하면 다른 일은 쉽게 진행할 수 있다고 믿었다.

먼저 생산에서 가장 크게 문제가 되는 것은 '시트벨트 장치의 자재 부족'이었다. 베트남에서 들어오는 부품인데, 생산부장님은 긴급하게 요청해서 들여와도 최소 일주일이 소요된다고 했다. 요새 자동차부품은 저단가를 추구하느라 글로벌 소싱으로 핵심 부품만 우리나라에서 생산하고, 공용 부품은 대부분 단가가 낮은 동남아나 멕시코 등에서 생산하는 경우가 허다하다. 그렇다 보니 작은 부품 하나가 결품이 되면 전체 라인이 설 수밖에 없고, 실제로 그런 일이 자주 발생한다. 최근 코로나19로 인한 부품 결품으로 전 세계 자동차회사에서 공장이 멈추는 사례가 이러한 예이다.

베트남에서 들어오는 부품을 비행기로 배송하면 1~2일 단축할 수 있다는 답을 얻었고, 품질 검사를 우선으로 진행하면 오더 투입부터 생산까지 24일 만에 가능하다고 했다. 907대 생산이 24일 만에 가능하게 된 것이다.

이제 2차로 완성 이후부터 물류, 후속 작업, 배송까지의 스케줄을 짜야 한다. 우리 같은 B2B(Business To Business) 업무용 차량

인 경우 대부분 장기 렌털이다. 각 기업뿐만 아니라 공공기관의 차량 또한 장기 렌털을 이용해 비용처리와 관리효율 면을 고려하는 경우가 많기에 더더욱 프로세스나 절차가 많아진다. 고객은 내가 주문한 차량이 제조사에서 생산해서 렌트사에 넘어가서 차량 등록하고 액세서리 작업을 하고 출고하는 데 얼마 걸리지 않을 거라 생각하기 쉽지만 그 과정에서 영업사원들은 애지중지 최선을 다하고 아무 문제 없기를 바란다는 걸 알지 못한다. 차량 결함이나 배송사고, 보관 중 문제 등 과정상에 도사리고 있는 변수는 참으로 많기 때문이다.

나머지 20일 안에 완벽한 배차계획을 수립하기 위해 해당 렌트사 담당과 배송, 후속 작업 업체 모두에게 소집을 요청했다. 해당 렌트사 사무소에 제조사인 우리(담당인 나와 AS팀장)와 렌트사 담당, 배차업체 소장, 후속 작업 업체(선팅업체, 특장업체, 데칼업체, 등록업체)가 다 모이니 20명이 훌쩍 넘었다. 렌트사나 여타 업체에서도 907대를 일괄 처리해 보기는 처음이라 말할 수 없는 긴장감이 맴돌았다. 내가 먼저 서두를 꺼냈다.

"우리에게 주어진 시간은 20일입니다. 20일 안에 전국 30여 지사로 배송해야 합니다. 한 치도 실수나 오차가 있으면 안 됩니다. 여러분은 베테랑입니다. 완벽하게 해낼 수 있습니다. 그러려면 저희가 무엇을 도와 드려야 하는지, 필요한 사항이 무엇인지를 허심탄회하게 말해 주시기 바랍니다."

참석자들의 얼굴에서는 '이거 장난이 아니구나' 싶은 표정이 역력했다. 베테랑 배송업체 사장님이 먼저 말을 꺼냈다. "뭐 못 할 거 뭐 있습니까, 한번 해 보입시다." 정말 힘이 되는 소리였다. 하지만 우리가 간과한 것이 있었으니 바로 날씨였다. 7월 이후라 작업자들은 무더위와 싸워야 하고 혹여나 태풍이라도 온다면 더더욱 낭패였다. "자, 그러면 저희가 생산하는 24일 동안 각자 업체에서 무엇을 준비해 주셔야 하는지 말씀해 보시죠." 배송업체는 907대를 배송하기 위한 캐리어(보통 7~8대를 한 차에 싣고 이동하는 차량)를 최대한 확보하는 게 관건이라고 말했다. 하루에 50대씩은 배송해야 20일 안에 처리한다. 그러려면 최소 하루에 캐리어 8대 이상이 하치장을 들어갔다 나왔다 해야 한다. 해당 지사의 지역별로 최소 2일 내 배차를 완료한다고 해도 16대가 기본으로 돌아야 한다는 이야기이다. 배송업체에서 최대한 확보하기로 약속했다.

특장업체는 907대 분의 특장장치(트렁크 부분에 장비를 패킹하는 장치를 별도 장착)를 차량 완성 전에 만들어야 한다. 1일 최대한 만들 수 있는 생산능력이 3~4대 수준이니, 지금부터 꼬박 한 달 동안 만들어야 한다. 금형 뜨고 만들고 시작품 보고 최종 틀까지

만드는 데 7일이 소요된다. 어쩔 수 없이 배송하면서도 만들어야 하는 문제가 발생했다. 특장업체 사장님의 손에 달렸으니 당부와 수고를 요청드렸다.

데칼(차량 외부에 붙이는 회사 또는 제품 CI 스티커)과 선팅은 차량이 완성되고 하치장에 오는 순간부터 작업을 진행할 수 있다. 정확하게 말하면 데칼과 선팅이 완료되어야 배송할 수 있다는 말이다. 첩첩산중이었다. 1대당 2인 1조로 선팅하고, 데칼 작업에 최소 20분 잡고, 하루 10시간 작업하면 30대가 가능했다. 5개 조로 구성해서 작업한다면 150대가 가능하니 6~7일이면 된다는 물리적인 계산이 나온다. 그러나 사람인지라 쉬어야 하고 폭염이라는 변수가 있다. 그들에게도 당부했다. "최대한 여러분이 잘해 주셔야만 배송이 빨라집니다." 모두가 결의에 찬 모습이었다.

마지막으로 등록업체는 차량 907대를 출고한 후 관련 서류를 챙겨서 관할 등록사업소에서 번호판을 인수받아 차량이 있는 하치장으로 번호판을 배송해서 부착하는 일을 담당하게 된다. 전체 번호판이 나오는 데만 최소 2일은 소요된다고 한다. 1대당 부착하는 데 아무리 숙련된 작업자라도 15분 이상 소요된다. 작업자 총 10명을 투입해 마찬가지로 7일 이내에 마무리하는 것으로 합의했다.

드디어 시간과의 싸움이 시작되었다. 차량이 생산되기까지 24일 동안 나는 하나라도 변수가 생기면 안 된다는 마음으로 업체별로 준비상황을 점검하면서 매일매일 스케줄을 수정하고 시나리오를 머릿속으로, 또 지면상으로 정리해 보았다. 그리고 카운트다운을 하면서 그 날을 기다릴 수밖에 없었다.

2-8

45일 프로젝트 II

어떤 대형 프로젝트를 진행하다 보면 인적·물적 환경에 따른 갈등 요소가 많이 생긴다. 이럴 때 정말 필요한 것은 명확한 목표와 시간 관리를 위한 가이드라인을 제시할 수 있어야 한다는 것이다. 45일 프로젝트를 수행하면서 절실하게 느낀 점이 바로 이것이다. 내 맘같이 모든 사람이 움직여 주지 않고 문제와 불만이 생겼을 때 그 갈등을 어떻게 조정하고 명확하게 지시해야 하는지에 관해 참 많은 것을 배운 좋은 경험이었다.

차량 생산이 시작되고 완성되어 가는 시점에서 다시 업체별로 준비사항과 진행사항을 체크하다 보니 생각지도 못한 문제에 봉착

했다. 우리가 이론적으로 가능할 거라고 믿었던 배송 문제였다. 차량이 들어왔다 나갔다 하는 것이 차량 수급 문제나 도로 상황, 날씨 등 외부환경의 변화에 따른 변수뿐 아니라 업체 간에 이익을 따지는, 내부 변수도 있다는 점이다. 바로 배송을 맡은 두 업체(1차, 2차 배송업체) 간에 보이지 않는 갈등(1차 배송업체에서 배송지를 먼저 선점하고 2차 배송업체에 지정해 주면서 생긴 일)이 터져 나왔다. 배송이 시작된 첫날부터 최초 배송 목표로 잡은 50대의 반도 안 되게 차량이 나간 것을 알게 되었다.

2차 배송업체 사장님에게 확인하니 1차 배송업체의 반발로 차량을 가져가지 못했다고 했다. 충청도를 기준으로 배송지를 크게 두 군데로 나눠 업체별로 지정했는데, 서로 먼저 차량을 배송하고자 하는 욕심에서 빚어진 일이었다. 처음부터 일이 꼬이면 안 된다는 생각에 명확한 우선순위와 일의 체계를 환기시켜 줘야 했다. 나는 1차 배송업체 책임자에게 연락했다. 그리고 2차 배송업체 사장님과도 3자 통화를 하면서 명확하게 임무를 숙지시켰다.

1차 배송업체 책임자는 배송에 있어 자신이 더 베테랑이니 알아서 하겠다고 강조했지만, 나는 "당신은 나무를 알고 잎과 줄기까지 다 알고 있지만 지금은 그게 중요한 게 아니라 다 같이 숲을 만드는 과정입니다"라는 말과 함께 이 프로젝트의 최종 결정과 판단은 내가 하는 것이라고 주지시켰다. 지금은 불만이고 이해가 안 갈지 모르겠지만 믿고 따라 달라는 당부를 하면서 다시 한번 분위기를 잡아 갔다. 지금 상황에서 어느 하나 소중하지 않거나 일을 적게 하는 업체는 없다고 강조하면서 내 지시에 따라 줄 것을 요청했다. 고성이 오가는 분위기가 연출되기도 했지만 다행히 잘 마무리되면서 다시금 일이 진행되었다.

무더위의 찌는 햇볕 아래서 업체들의 수고가 이어졌다. 중간중간 현장의 AS팀장들을 통해서 간식과 아이스크림을 제공해 가면서 그들의 사기가 꺾이지 않도록 격려하고 하루 목표량을 달성할 수 있도록 독려했다. 예상했던 바와 같이 특장작업(트렁크 선반 제작)이 진척을 따라가지 못하는 상황이 발생했다. 현장에서 조립해 장착하는 데만 생각했던 시간보다 1시간이 더 지체되면서 하루에 할 수 있는 양이 20대도 안 되었다. 이 상태로 가면 아무리 열심히 한다고 해도 기한 내에 500대를 하기도 벅찬 상황이었다.

업체 사장님에게 주말 특근을 요청드렸고 우리 측 인력을 지원해서라도 마무리 짓자고 말씀드렸다. 초기에는 속도가 늘지 않았지만 업체 사장님의 지원으로 하루 20대 수준에서 2주 차에 들어서는 40대 수준까지 장착 대수가 늘었다. 거의 디데이(D-day)까지 특장작업을 했던 걸로 기억된다. 차 안 기온이 거의 40도를 넘는 폭염 속에 나르고 끼우던 작업자분들의 노고가 지금도 잊히지 않는다.

 마지막 배차를 하던 주에는 고생한 작업자분들을 위해서 다 같이 삼겹살 파티를 했다. 그간 너무 고생들이 많았고, 이런 협업 과정이 개인적으로는 좋은 모델이 된 것 같아 감사함을 표현하면서 유종의 미를 거두기 위한 자리가 필요하다고 생각했다. 서로 교류가 없던 업체들도 안 될 것 같았던 일들이 착착 진행돼 나가는 과정을 보면서 내심 뜻깊었고 많은 것을 느꼈다고 말했다. 소주를 한 잔씩 나누면서 그간 서운했던 감정이나 불만도 다 잊어 달라고 당부했다. 언제 다시 우리가 함께 일하게 될지는 모르지만 소중한 경험을 했음을 공감했다.

 불가능할 거라고 생각했던 일이라도 뜻과 마음을 모으면 극복할 아이디어와 열정이 나온다는 것을 알게 되었다. 45일 프로젝트를 마무리하고 마지막 배차지까지 차량이 다 도착하는 동안 애써 주었던 공장 관계자와 후속 작업 업체들 모두가 하나 되어 이룬 쾌거였다. 지금도 그때의 협업이 자랑스럽다. 이 프로젝트는 아마도 FLEET 역사에 남을 좋은 모델이 될 거라고 자부한다.

2-9

차 백 대 파는 건 쉬워도
한 대 팔기는 어렵다

특판팀에서 근무하는 이십 년 동안 정말 많이 들었던 질문은 '어떻게 하면 그렇게 많은 차를 판매할 수 있느냐'는 것이며 또 '어떤 노하우가 있느냐'는 말이다. 사실 꼭 집어서 나의 노하우는 무엇이라고 말하기는 쉽지 않다. '진심을 담은 열정과 노력'이라고 말하면 너무 시시하다거나 재수 없다고 할 것이다. 사실 마지막 현업에 몸담고 있는 지금도 열정이 충만한 신입 직원이나 영업을 동경하는 친구들에게 하고 싶은 말은 '백 대를 파는 것은 쉬워도 한 대를 파는 것이 정말 어렵다'는 말이다.

무슨 말 같지도 않은 말이냐고 하겠지만 이십 년이 지난 지금도 차 한 대 팔기가 얼마나 어려운지를 나는 매일 느끼고 있다. 수많은 신규 업체를 만나 긴 시간 동안 관계를 이어 오고 그 관계를 바탕으로 신뢰를 쌓고 차량을 계약하기까지 정말 많은 인내와 정성이 필요하다. 그러한 인내와 정성의 대가로 판매하는 차량이 백 대가 되고 천 대가 되지만, 사실 헛수고가 되는 경우가 훨씬 더 많다.

새삼 놀랄 수 있는 이야기이지만 내가 만난 수많은 업체가 오백여 곳은 될 듯하다. 그중에서 우리 회사 차량을 구매한 업체는 십여 곳이 채 안 된다. 확률로 따지면 2~3퍼센트 수준이다. 이십여 년 근무하는 동안 수많은 업체를 만나면서 백 대 이상 판매했던 업체가 최소 열 군데는 넘지만, 한 대도 팔지 못한 업체 또한 몇백 곳이라는 말이다. 개인영업에서 가망고객 한 사람을 만나서 운이 좋다면 단시간에 구매로 연결되지만, 내가 했던 특수영업은 최소 1년에서 3년이라는 영업시간을 투자해야만 판매로 연결되었다.

그 긴 시간 동안 신뢰 관계를 기반으로 상품과 마케팅, 홍보, 판촉 등 종합적인 영업을 해야 한다. 때로는 나의 영업에 도움이 되는 경우가 있을 수 있고 때로는 악재가 될 수 있는 상황도 올 수 있다. 잘 이어 온 구매 담당자와의 비즈니스 관계가 전보나 퇴직 등 인사 문제로 다시 원점으로 돌아갈 수 있고, 사소한 오해나 실수로 돌이킬 수 없는 불신이 생길 수도 있다.

이렇게 설명하면 왜 한 대를 팔기가 어려운지, 한 대를 팔고 나면 왜 백 대를 팔 수 있는지 설명이 될지 모르겠다. 사실 백 대를 한 번에 팔 수 있는 기회는 그렇게 쉽게 오지 않는다. 그런 대규모 거래처일수록 구매조건이 까다롭고 요구사항이 많기 때문에 프로다운 자세를 갖추지 않으면 쉽게 나타나지 않는 듯하다. '아는 만큼 보인다'는 명언처럼 차량을 많이 팔기 위해서는 차량을 많이 쓰는 업체를 찾는 능력 또한 필요하다.

이제 막 새로이 영업의 세계에 입문한 신입사원이나 새로운 일에 도전하려고 전업한 경력사원들에게 다시 한번 강조할 것이 있다. 바로 혼을 담은 차량 한 대가 백 대, 천 대를 몰고 온다는 것이다. 이 말을 명심하길 바란다. 한 대가 곧 백 대, 천 대가 될 수 있다.

세상사 모든 것이 일맥상통하는 것 같다. 무엇이든 그 분야에 첫 발을 딛는 그 순간을 맛본 자가 진정한 땀과 노력의 가치가 무엇인지 알 수 있듯이, 오늘도 차 한 대를 팔기 위해 최선을 다하고 있는 모든 영업인에게 찬사를 보낸다. 잊지 말기를 바란다. 자신의 영업을 항상 생각하고 개선할 부분이 무엇인지 고민하고 주위를 항상 돌아보길 바란다. 기회는 항상 우리 주위를 스쳐 지나가고 있고, 기회를 보아 도전하는 자만 그것을 잡을 수 있다. 나 또한 그런 분들의 노고에 민폐가 되지 않기 위해, 최선의 한 대를 위해 오늘도 열심히 뛰고 있다.

2-10

절망을 주는 것도
희망을 주는 것도 사람이다

가끔씩 영업을 선택하는 직원들에게 '왜 영업을 하려 하는지'와 '영업을 통해서 무엇을 얻고자 하는지'를 물어본다. 밋밋한 직장생활보다는 다이내믹하고 본인의 노력에 정당한 보상을 받을 수 있어서 또는 사람을 만나고 사람들과 부대끼면서 성취를 얻는 것을 좋아해서라고 말한다. 그런 이야기를 들을 때마다 사람에 관한 이야기를 해 주고 싶다. 영업은 사물과 사람, 때로는 사람과 사람, 사물과 사물을 잇는 커넥티드 시스템으로 이뤄져 있다. 그렇다 보니 운명적으로 많은 상황과 사람을 맞닥뜨리게 된다. 모든 일이 항상 내 맘같이 되지는 않듯이 영업은 사람과의 관계를 어떻게 설정하고, 어떻게 만드느냐 하는 문제로 귀결된다.

 내가 처음 특판팀에서 관리업체로 부여받은 회사는 대우그룹의 메인 업체인 대우건설이었다. 그룹사에서 차량 운영 및 구매가 가장 빈번하게 이뤄지던 중요한 업체이다. 영업을 하면서 사람과의 관계에 대한 첫 번째 테스트를 거기서 받았다. 당시 대우건설은 이십여 년간 대우차만 사용해 왔는데 IMF 사태를 맞으면서 대우그룹이 해체되고 금호그룹으로 인수되었다. 점점 그룹 차원의 구매 시스템이 변경되면서 더는 대우그룹의 일원이 아닌 개별 업체로 변화하고 있었다.

 그러던 중 해마다 대우차 중심으로 구매가 이뤄지다가 대표이사가 금호그룹에서 지정되고 임원들도 물갈이가 되었다. 이제 더는 대우차가 아닌 현대차를 구매해도 아무도 이의를 제기하거나 이상하게 여기지 않는 상황으로 분위기가 변했다. 그룹 의식이 남아 있는 회사의 임원들은 그래도 대우건설은 대우차를 사 줄 거라는 근거 없는 신념을 지니고 있었다.

 담당자로서 이런 변화의 분위기를 감지한 나는 상사에게 보고드렸지만 그때마다 그러지는 못할 거라는 게 임원들의 생각이었다.

하지만 불안은 현실이 되었다. 그해 신임 임원들에게 지급되는 차량으로 현대차의 그랜저가 결정된 것이다. 우리 회사 차량이 배제되면서 이제 더는 '대우'라는 그늘에 있을 수 없다는 사회 전반의 흐름을 인식하고 위기의식을 느끼게 된 첫 신호탄이 되었다.

당시 차량 담당자였던 과장님에게 달려가 선정 배경과 양해의 말을 전해 들었다. 오랫동안 차량 구매팀에서 관리와 구매를 해 오셨던 베테랑이었다. 물론 담당자였던 나의 실책도 있었다. 곧바로 이 사실은 회사에서 빅 이슈가 되었고, 내 위의 부서장과 선임자는 대표이사의 호출과 질책에 시달리게 되었다. 대표이사는 그룹 계열사의 차량 변경이라는 단순한 이 사건을 전체 대우차의 이탈이라는 대형 사고가 되는 전초로 엄중하게 본 것이다. 말 그대로 비상이 걸렸다. 대우그룹은 채권단의 지휘 아래 그룹이 해체되면서 구심점이 사라지고 각자도생의 길을 걷고 있는 상황이라 아무도 우리의 요청에 귀 기울여 주지 않았다.

그날 저녁에 팀장과 나는 일말의 변경 가능성을 위해 대우건설 차량 담당 과장님을 식당에서 별도로 만나 설득해 보기로 했다. 어렵게 마련한 자리에서 차량 담당 과장님은 변화되고 있는 계열사의 분위기와 더는 협조하기가 어렵다는 입장을 재차 피력했고, 이에 팀장은 술에 취한 나머지 반협박 분위기로 상황을 몰아갔다. 점점 분위기가 격해졌고 차량 담당 과장님은 내 입장을 봐서 왔는데 너무 무례하다면서 자리를 박차고 일어나 버렸다. 지금 생각해 보면 그 상황이 이해가 가는 게 우리 팀장이 너무 무례했던 것 같다.

담당 과장님은 나가 버렸고 팀장은 술에 취해서 횡설수설하고 있었다. 이렇게 끝나면 안 된다는 생각에 곧바로 뛰어나갔지만 이미 담당 과장님은 계산을 마치고 막 택시를 타고 있었다. 택시 앞을 가로막고 나는 과장님께 죄송하다고, 팀장이 상황을 제대로 이해하지 못해서 그렇다면서 용서를 구했다. 그러나 이미 마음이 상한 담당 과장님은 매몰차게 떠나 버렸다. 계속해서 전화를 드렸지만 받지 않았다. 나는 무작정 택시를 잡아 타고 뒤쫓아 갔다. 담당 과장님이 어디에 사는지 대충 들어 알고 있었고, 어떻게든 이 상황을 깔끔하게 정리해야 한다는 심정이었다.

과장님이 사는 아파트 앞에서 동호수를 몰라 계속해서 전화를 했지만 받지 않았다. 제발 만나서 오해를 풀고 싶다는 문자 메시지를 남기고 아파트 앞 놀이터에서 두 시간 넘게 기다렸다. 담당 과장님은 끝내 응답하지 않으셨고 나는 돌아서야 했다. 그 당시 내 마음은 지난 이 년간 담당자로서 노력해 왔던 시간과 열정이 모두 수포로 돌아가는 절망적인 심정이었다. 그날 밤 집으로 돌아와서 나는 한숨도 잠을 자지 못했다. 삼십여 년을 살아오면서 진짜 뜬눈으로 밤을 새어 본 건 그때가 처음이었다. 아내에게도 말하지 못한 그때의 절망이 지금도 생생하다. 왜 내가 이렇게 됐는지, 무엇부터 잘못된 것인지…. 모든 것이 자책이었고 내가 영업을 잘하지 못해서 그렇게 되었다는 심한 자괴감으로 잠을 이룰 수 없었다.

뜬눈으로 밤을 새고 새벽 일찍 출근해서 대우건설 차량팀 사무실로 바로 갔다. 차량팀의 현장 직원들은 나를 보고 모두 걱정된 눈빛을 보냈다. 한숨도 못 잔 표정이 역력했는지 진한 커피를 타주셨다. 이윽고 차량 담당 과장님이 출근하셨는데 나를 보고도 개의치 않고 본인의 자리로 가셨다. 나는 그분의 얼굴을 보는 순간 눈물이 울컥 나올 뻔했지만 꾹 참고 그의 앞에 서서 말했다. 어제의 일을 사과드리고 우리 회사의 상황과 입장을 이해해 달라고. 묵묵히 듣고 계시던 과장님은 조용히 내 눈을 보시면서 아침 먹으러 가자고 했다. 묵묵히 걸어가는 그를 따르면서 '내가 지금 무엇을 위해 이렇게 하는가'라는 생각이 들었다. 단지 경쟁에서 우리 차가 선정되지 않아서가 아니라 최소한 인간적인 면에서 낙오자나 패배자가 되고 싶지 않았던 자존심이 그리한 게 아니었나 싶다.

조용히 식사하면서 담당 과장님은 나에게 약속할 수는 없지만 다시 한번 위에 보고드려 보겠다고 했다. 또 어제 자신의 집 앞까지 와서 기다리던 나를 보면서 아직 그룹의 끈끈함을 잃지 않았음을 느꼈다고 했다. 순간 눈물이 울컥 나면서 나도 모르게 미안함과 서러움을 느꼈다. 세월이 흘러 그분은 은퇴하셨고 나 또한 그 업체를 담당하지는 않지만 대우그룹이 해체된 그 이후로 담당 과장님이 있던 기간까지 대우건설에서 우리 차량이 50퍼센트까지 구매를 이어 가는 선방을 했다.

수많은 입찰과 경쟁 속에서 상품이 나빠서, 가격이 달라서, 구매 성향이 변해서 우리 차가 선정되지 못하는 경우가 많았다. 그러나 진정 노력하고 진심으로 원하는 모습을 보이면 그 마음을 조금은 변화시킬 수 있다. 최선이 아니면 차선을 위해서라도 우리는 뛰어야 한다. 그날 대우건설의 담당 과장님을 통해서 나는 절망과 희망을 모두 보았다. 누구나 직장생활과 사회생활을 하다 보면 갑 아닌 갑이 되고, 을 아닌 을이 될 수 있다.

포기하지 말자. 영업은 항상 그렇다. 최선이 아니면 아닌 것이 아니라 차선을 위해서라도 해야 한다. 지나고 보면 아쉽고 아련하고 참 눈물 나지만 누군가를 영원히 미워하지는 말아야 한다. 사람을 통해서 희망과 절망을 동시에 보는 게 우리 인생이 아닐까. 설익은 철학이지만 그래도 아직까지는 영업에서 사람이 답이라고 생각해 본다.

2-11

영업의 절반은 얼굴이 한다

가끔 나는 이런 생각을 해 본다. 영업을 하는 사람들의 얼굴만 봐도 얼마만큼 일이 진행되고 있는지 알 수 있다고. 관상가도 아니고 갑자기 무슨 뜬금없는 소리냐고 하겠지만 내 경험에 비춰 보면 어느 정도는 맞는 말이다. 세상만사가 마음먹기에 달렸고 어떻게 생각하고 행동하는가에 따라서 그 결과가 천지 차이가 나는 것을 종종 본다.

특판팀에서 나의 첫 FLEET 업체는 지금은 통합되어 사라진 KTF라는 이동통신사였다. 2005년 국내 이동통신을 양분해 왔던 SK텔레콤과 KTF는 자사의 업무용 차량을 직접 구매해서 사용하다가 비용 절감과 회계처리 편의성 때문에 장기 렌터카로 전환하고 있었다. 우리 팀은 그해에 새로운 시장진입 목표로 그 회사들에 우리 회사 차량을 넣는다는 계획을 세웠다.

양사는 전국에 기지국을 확대 설치하면서 설치와 유지보수, 그리고 전국에 지역본부와 판매지점, 유지보수 계열사 등을 많이 확장할 때였다. 그런 업무를 하려면 차량이 많이 필요했고, 그런 니즈를 충족하기 위해 렌터카로 전환하려는 것이었다. 지역 특성에 따라 광역시까지는 승용 차량, 산간이나 농어촌은 SUV 차량을 선정해 운영할 것이라는 정보를 얻었다.

무엇보다 시급한 것은 전국의 지역본부와 지역 유지보수업체의 현황을 파악하는 것이다. 요즘은 인터넷과 회사 홈페이지가 발달해서 정보를 찾아내는 것이 간편하지만 당시에는 쉬운 일이 아니었다. 팀 회의에서 나는 KTF를 담당하게 되었고(순전히 그 당시 KTF 이동전화번호를 사용한다는 이유였다) KTF 본사의 관리 담당을 무작정 찾아갔다. 몇 번 만나면서 KTF 지역본부 구매담당자의 인적사항을 어렵게 알게 되었고 곧바로 전국 출장 준비를 했다.

지금은 전국 어디든 KTX가 달려가고 내비게이션이 상세하고 정확하게 길을 찾아주는 시대이지만, 그때는 어디를 찾아가려면 두

툼한 지도책을 펼쳐 놓고 어디부터 먼저 찾아갈지를 미리 계획해야 하는 시대였다. 지금 생각하면 전국 광역시를 다 돌고 오는 데 최소 3박 4일이 소요되었다. 혼자서 운전하고 지도도 보면서 다 찾아다녔는데, 아무리 체력이 지금보다 좋았다고 해도 참 용했던 것 같다. 당시 내 파트너를 대동하고 출장길에 오르면서 앞으로 어떤 힘든 여정이 내 앞을 펼쳐질지 전혀 예상할 수 없었다.

도시라곤 내가 태어나고 자란 부산과 지금 살고 있는 서울밖에 몰랐다. 그런 내가 대전, 대구, 광주, 전주, 부산, 울산, 청주, 충주, 원주 등 수많은 도시를 다니면서 흥미진진하게 영업을 펼쳤으니 당시 그 일이 얼마나 재미있었는지 모른다. 이런 도시들을 분기별로 최소 한 번씩, 일 년에 네 번 이상 4년간을 돌아다녔다. 전국을 열여섯 번 넘게 다닌 셈이다. 그러면서 자연스럽게 광주, 대구, 전주, 대전, 청주 등이 친근해졌고, 어디를 찾아가려면 어떻게 가야 하는지 내 머릿속에 지도가 다 입력되다시피 했다.

기억나는 것은 현지의 KTF 지역본부를 통해서 최소 두 곳 이상의 해당 지역 유지보수업체를 소개받아 찾아가고, 그런 과정을 겪으면서 신규 업체를 뚫는 성취감과 재미를 만끽했다. 새로운 업체를 찾아다니면서도 내 얼굴에서 피로함이나 힘듦이 보이진 않았던 것 같다. 당시 만났던 업체 분들이 친해지고 난 뒤에 말해 주었는데, 처음 사무실에 찾아왔던 내 모습이 무척 신나 보였고 왠지 자신감에 차 있었다고 했다. 보통 영업사원들처럼 찌들고 피곤해 보이는 모습이 아니라 새로운 보석을 찾아낸 것같이 눈이 반짝거리는 인상을 받았다는 것이다. 왜냐하면 당시 KTF 유지보수업체를 알고 직접 찾아오는 사람은 거의 없었기 때문이다.

거의 일 년여간에 걸친 출장을 다니면서 나는 KTF맵(전국 지역본부와 1차·2차 유지보수업체까지 포함한 방대한 리스트)을 완성할 수 있었다. 물론 전국의 그 업체에 우리 회사 차량을 넣기까지 도미노 현상처럼 2~3년이 소요됐지만 정말 보람찬 기억이었다. 30대 중반, 아마 인생에서 가장 자신감이 충만한 나이였던 그때의 나는 영업에 대한 열정으로 똘똘 뭉쳐 있었다. 업체의 담당자들이 나와 거래할 수 있었던 계기는 말투는 투박해도 열정이 담긴 인사, 호기심과 기대를 가득 담고 웃으며 찾아오던 내 얼굴 때문이 아니었을까?

지금은 세월이 흘러서 그 회사들도 사라지고 당시의 담당자분들도 대부분 잊혔지만 나에겐 소중한 한 분 한 분이었고 고객이었다. 그들을 통해서 인간관계의 훈훈한 정과 고객을 넘어서는 좋은 친구와 선후배로서의 추억을 얻었다. KTF라는 거대 시장을 개척해 보았던 경험은 자산이 되어 이후 신규 시장 개척에 정말 많은 도움이 되었다. 지금도 후배들에게 본보기가 되는 것 같다.

영업은 발로 뛰는 것이다. 하지만 그 발 못지않게 중요한 게 얼굴이다. 새로운 일은 두렵고 힘들지만 얼굴에서 나오는 열정과 기대가 이미 그 일의 반을 한다는 것을 잊지 말기를 바란다. 호기심과 자신감이 서려 있는 얼굴, 어쩌면 고객은 그런 영업맨에게 더 비싸고 더 부족한 제품일지라도 왠지 사고 싶거나 팔아 주고 싶은 마음이 생기는 건 아닐까.

2-12

좋은 경쟁자가 있다는 것

특판 생활을 하면서 나의 영업에 많은 업체의 담당자 못지않게 큰 영향을 준 존재는 바로 경쟁사의 특판팀 직원이다. 즉 흔히 라이벌이라고 말하는 경쟁자에게 때로는 많은 도움을 받기도 하고 용기를 얻을 때도 있었다. 업의 특성상 자동차업계는 영업의 결정판으로서 쟁쟁한 인물을 많이 배출해 왔다. 우리 회사에도 걸출한 영업 실적을 토대로 '영업 상무'라는 영예를 획득하신 선배님들도 많고, 경쟁사에도 마찬가지로 범접할 수 없는 영업 실적을 내는 영업 명장이 많았다.

오늘 소개하고자 하는 기아자동차의 황 차장님과 르노삼성자동차의 이 차장님은 같은, 특판영업을 하면서도 영업 실력이나 인품이 탁월하며 나에게 배울 점을 많이 주었던 동료들이다. 특히 기아차의 황 차장님은 일단 외모에서 풍기는 젠틀함과 유머 감각, 타인을 배려하는 편한 분위기로 유도할 줄 아는, 영업 테크닉이 참으로 탁월한 분이었다. 그와는 여러 입찰 건에서 경쟁하면서 때로는 상대방의 물량을 뺏고 뺏기기도 했지만, 그와 경쟁할 때마다 항상 긴장되고 성취감을 배로 느낄 수 있어서 좋았다. 흔한 얘기로 진정한 고수와의 대결이라고나 할까. 그러면서도 시원하게 승부를 인정하고 박수를 보내 주었다. 같은 영업인으로서 참 매력적인 스타일이었다.

그와는 2011년 삼성그룹 임원 차량 공급 때부터 만나 10년 기간 동안 여러 대량 물량에서 경쟁하면서 때로는 뺏고 뺏기면서 성취와 고배를 경험했다. 매 순간 적으로 만나지만 언제나 한결같은 영업 마인드와 자세를 배울 수 있었다. 나보다 연배는 많지만 항상 겸손하게 말하는 그의 인품에서 오랫동안 영업 현장에서 경험한 (고등학교 졸업 이후 자동차 영업 현장에 뛰어든 것으로 안다) 기품이 자연스레 배어 있는 듯했다.

영업을 하면서 말투와 제스처는 필수조건일 만큼 중요하다고 할 수 있다. 때로는 투박하고 사투리를 쓰는 말투가 단점이라고 생각할 수 있지만 자신의 색깔을 만드는 데 좋은 요소가 될 수 있다. 두 번째 좋은 경쟁자로 만난 삼성차의 이 차장님이 그렇다. 카드회사로 입사해서 덤프트럭 상대로 할부영업과 택시영업을 두루 거쳐 왔는데, 주로 거친 현장에서 영업을 해서인지 외모와 말투에서 느껴지는 상남자 스타일이 매력으로 다가왔다. 고향이 남도인지라 구수한 전라도 사투리가 투박하지만 영업을 하는 현장에서는 자신만의 무기가 되는 것 같았다.

주로 은행과 렌트사를 상대로 한 영업에서 많이 중복되었던 이 차장님은 항상 나보다 한 발 더 뛰는 부지런함과 열정으로 나를 일깨웠다. 특히 과감하게 제시하는 승부사적 기질은 같은 영업을 하는 나에게는 인상적이었다. 영업을 하다 보면 어떨 때 치고 나가야 하는지, 언제 결정적 제안을 해야 할지를 스스로 결정하고 판단해야 할 때가 많다. 이 차장님은 동물적 감각이 탁월한 분들 중 단연 톱이라고 할 수 있다.

특판영업의 특성상 여러 대형 물량 입찰에서 어김없이 이 두 명이 포진해 있는 경우가 많았다. 매 순간 긴장하게 만드는 이 경쟁자들이 없었다면 오늘의 나도 없다. 경쟁이 없는 시장, 경쟁이 없는 상황을 누구나 바라지만 결국 경쟁을 피할 수 없다. 그러나 좋은 경쟁자, 배울 수 있는 경쟁자가 함께한다는 것은 마치 명품 요리를 만드는 필수 양념이라고 할 수 있지 않을까. 이 일을 그만두게 될 때가 되면 이들에게 소주 한잔하자고 전화해야겠다. 그들이 알고 있을지 모르겠지만 '경쟁자가 되어 주었던 지난 시간 동안 참으로 고마웠고, 당신들이 나를 키워 주는 좋은 파트너였다'고 말하고 싶다. 그들의 반응은 어떨까? 다른 건 몰라도 아마 술맛은 좋아질 것 같다.

3장

소소하지만 도움이 되는
영업 솔루션

3-1

새로운 시작

　내 또래 친구들은 아마 모르긴 몰라도 대부분 가정에서는 가장으로, 직장에서는 선배와 후배를 잇는 변화의 가교로 여러 고민이 많을 것이다. 특히 나와 같은 1990년대 학번 출신은 세계화와 민주화를 동시에 맛본 세대로서 한때는 X세대라는 왠지 모를 우쭐함에 신세대로 살았다. 연이은 IMF 사태, 2002년 월드컵 이후 금융위기를 겪으며 참으로 다이내믹한 환경을 경험한 세대이기도 하다. 그렇기에 삶에 대한 강인함이 있으면서 왠지 모를 외로움과 서러움이 가슴 깊이 팬 세대이기도 하다.

앞서 말한 나의 지난 인생도 다 이런 외부적 환경을 헤쳐 나온 흔적들이다. IMF 전후의 사회생활, 2000년 밀레니엄 시대에 시작한 서울 생활, 금융위기 가운데 영업의 한복판에서 살아남으면서 참으로 많은 내성이 생겼다. 그 내성은 살아남기, 생존의 의미뿐만 아니라 어떠한 위기나 어려움도 이겨 낼 수 있을 거라는 용기로 작용하기도 했다.

40대 초반에 나는 내 인생의 변화를 위해 많은 고민을 했다. 아무것도 없이 서울로 와서 일궈 낸 삶을 돌아보니 '또다시 변화하지 않고서는 희망이 없다'는 걸 깨치게 되었다. 당시 근무하던 회사 (대우자동차판매)가 부도나는 사태를 겪으면서 영원한 회사도, 영원한 뒷배도 없는 차가운 현실을 맛보았다. '더는 정년으로 퇴임하는 회사란 없다'는 냉혹한 현실 앞에 섰다. 지금껏 열정과 충성으로 일관된 직장생활이 인생의 정답이 아닌 현실 앞에서 무척이나 괴롭고 비참한 기분이 들었다. 내가 잘못한 것은 열심히 일한 죄밖에 없는데, 왜 회사는 부도가 나고 내 삶까지도 피폐해져야 하는가. 왜 경영자의 잘못으로 이렇게 많은 노동자가 피해를 봐야 하는지 그때는 몰랐다. 결국 돌아오는 것은 '너무 열심히 일만 했고 내 주위의 변화에 너무 둔했다'는 자책이었다.

어찌 보면 나는 너무 꽃길만 걸어왔는지도 모른다. 대기업에만 다니다 보니 항상 주는 혜택이 당연시 여겨졌고 온실에서만 자란 화초처럼 그렇게 스스로 외부 노출에 금방 시들어지는 꽃 같은 존재였던 것이다. 당시 내게 필요한 것은 변화였고, 그 변화를 위해 나는 새로운 길을 찾아야 했다. 외부 요인으로 비참하게 회사를 그만두는 것이 아니라 내 인생을 스스로 개척해 나가는 준비가 필요했다.

당시 '경영지도사'라는 자격증이 있었다. 업체로 가는 길에 걸려 있던 현수막에서 '경영컨설턴트'라는 매력적인 문구가 눈에 들어왔다. 쉽게 말해 경영에 어려움을 겪는 중소기업이나 소상공인에게 여러 가지 경영 솔루션을 제공하고 재기할 수 있는 역량을 키워주는 국가 자격증이었다. 다른 건 몰라도 최소한 오랜 영업으로 다져진 마인드와 언변은 남들에게 뒤질 게 없다고 생각한 나에게 매력적인 도전이 아닐 수 없었다. 그 자격증을 따려면 어떻게 해야 하는지 인터넷을 이리저리 뒤지면서 알아보았다. 자격증의 실체에 접근하면서 나는 큰 도전에 직면했다. 바로 1차 시험과 2차 논술 시험까지 있는 시험, 즉 만만한 시험이 아니었던 것이다. 특히 경영학이라는 과목은 내가 처음 접해 보는 분야여서 남보다 배 이상 노력해야 했다. 마케팅관리론, 시장조사론, 소비자행동 총 3과목 15문제를 푸는 데 주어진 시간 안에 A4 용지로 최소 10장씩을 써내야 하는, 대단한 내공이 필요한 시험이었다.

마침 사당역 근처 OO아카데미라는 학원에서 주말에 이론수업과 기출문제 분석 등을 전문적으로 가르쳐 준다고 해서 주저 없이 등록했다. 처음 그 학원을 찾아갔을 때 놀란 것은 수강생이 10명 밖에 안 된다는 것과 내가 제일 젊다는 것이었다. 자격증의 특성상 대부분 직장생활 20년 이상 한 선배이거나 현역 컨설턴트가 대부분이었고, 은행·증권회사·세무사 등 전문 분야의 베테랑이라고 할 수 있는 고수들까지 있었다.

하나를 얻으려 하면 하나를 잃을 용기가 필요하다고 했던가. 경영지도사 자격증을 따기 위해 거의 5개월간 나의 일주일에는 일요일이 없었다. 아침 9시에 시작해서 저녁 6시까지 이어지는 긴 강의를 들으며 경영학을 맛보았다. 공대 출신인 내가 경영 마인드에 심취해 가는 게 신기하면서도 재미있었다. 1차 시험을 가까스로 통과했다. 법령 관련 문제로 전 과목이 객관식으로 출제되는데, 운전면허시험처럼 7일 정도 벼락치기를 해서 통과했던 걸로 기억한다.

2차 논술시험을 대비해서는 휴가까지 반납하고 열심히 공부했다. 지금도 느끼지만 무엇인가에 심취해 시간 가는 줄 모르고 노력하는 모습은 정말 아름답다. 내 속에 있는 공부 DNA가 아직 녹슬지 않은 것인지, 아니면 내가 원래부터 공부를 좋아했는지는 모르지만 경영학 공부는 정말 재미있었다. 실제 내가 근무하고 있는 회사에도 적용할 수 있는 마케팅 이론들, 영업 현장에서 와닿는 소비자의 행동에 대한 분석들, 시장조사를 어떻게 하면 효율적으로 할 수 있는지 등 하나하나의 과목들이 회사 정책과 전략에 사용할 수 있을 만큼 다이내믹했다. 물론 그런 이론적 바탕을 경영자나 실무자들이 현실에 맞춰 잘 조율해 나간다면 좋은 제품, 좋은 회사를 만들 수 있는 게 당연하다. 하지만 현실에서는 너무 틀에 박혀 있거나 프로세스와 룰에 집착하는 경우가 많다.

그렇게 나름 최선을 다하고 치른 2차 논술시험에서는 낙방했다. 총 3과목 40점 이상, 평균 60점 이상 절대평가로 뽑는다고 하는데 한 해에 평균 20퍼센트만 합격하는 시험이다 보니 상대평가 성격이 강했다. 논술은 심사관이 어떻게 판단하느냐에 따라 부분 점수가 주어지기 때문에 얼마나 정확한 논리로 서술하는가가 관건이었다. 참으로 열심히 공부했지만 내 노력이 부족했던 것이다. 거기서 포기하지 않고 1년을 재수해서 다음 해인 2013년에 합격을 했다. 한 해에 한 번 치르는 시험이어서 끈기가 조금 필요하다.

시험에 합격하고 목표했던 자격증을 따고 나니 조금은 허탈하면서도 다음 단계에 대한 도전이 생겼다. 그때 인연으로 만난 스승님(OO아카데미의 강사)의 추천으로 대학원에 경영컨설팅학과가 개설돼 있다는 사실을 알게 되었다. 앞으로 그런 과정을 이수한 인재들이 경영컨설팅의 주역이 될 거라는 확신이 생겼다. 내친김에 대학원까지 가 보자 싶어서 그해 가을 한양대학교 일반대학원의 경영컨설팅학과에 지망하게 되었다.

3-2

혁신과 변화

내가 처음 대학원에 입학한다고 했을 때 주위에서는 부러움과 더불어 우려도 많았다. 당연히 남들이 잘 하지 않거나 못 해 본 거라서 부러워하는 건 이해하는데, 과연 영업을 하면서 잦은 술 약속과 업체와의 이런저런 일 때문에 수업을 잘 들을 수 있을지, 2년 동안 대학원 수업을 무사히 해낼 수 있을지, 업무에 지장을 주지는 않을지 등 걱정이 앞섰다. 하지만 '하나를 얻기 위해서는 하나를 잃을 용기가 있어야 한다', 내 인생의 모토이면서 항상 나를 지배하는 이 생각대로, 지금 당장은 서운하고 손해 볼 수 있지만 언젠가 반드시 보상이 있을 거라는 믿음에 밀고 나가기로 했다.

우선 부서 팀장과 담당 임원에게 보고하고 미리 양해를 구했다. 의외로 고참들은 열심히 해 보라고 힘을 실어 주셨고, 그 격려 덕분에 일에 지장을 주지 않고 잘해 나갈 수 있는 용기도 얻었다. 사실 2년 동안 묵묵히 지지해 준 아내와 아이들이 없었다면 쉽지 않았을 것이다. 주경야독, 낮에 업체 왔다 갔다 하느라 피곤한 몸을 이끌고 밤늦게까지 수업을 듣고, 주말에는 밀린 과제를 하면서 보내다 보니 정말 하루하루가, 일주일이 벅찬 삶이었다. 그런데 그런 바쁜 가운데에도 나는 삶의 새로운 에너지를 얻었다. 거의 20년이 다 되어서 다시 다니는 대학 캠퍼스의 기운이 나에겐 힘이 되었고, 학생식당에서 먹는 삼천 원짜리 백반이 어떤 음식보다도 맛있었다. 한참 어린 입학동기들과 토론을 하면서 내 몸은 40대이지만 마음은 20대로 살고 있는 자신이 자랑스러웠다. '그래, 지금을 청춘처럼 살자. 40대를 20대처럼 살자. 그게 바로 인생이다.' 그렇게 마음먹었다.

2년간의 대학원 수업 중에서 가장 기억나는 수업은 바로 지도교수님이셨던 박광호 교수님의 명강의 '혁신과 변화'이다. 이 수업은 부족했던 나의 역량을 깨치게 해 주었고 대학원이라는 클래스를 입증해 주는 수업이었다. 매주 10~15쪽 분량의 HBR(하버드 비즈니스 리뷰) 두 편을 읽고 정해진 서술형식(주요 키포인트와 솔루션 등 컨설팅의 실제 적용사례를 정리하는 방식)에 맞춰 작성하고 강의 시간에 자유토론을 해서 인사이트와 정확한 솔루션을 찾아가는, 가혹하면서도 정말 피가 되고 살이 되는 수업이었다.

말이 일주일에 두 편이지, 처음 익숙하지 않았을 때는 독해를 하는 데만 4~5일이 소요됐다. 매주 제한된 시간 안에 제출해야 했기에 더더욱 주말 밤을 새워 가며 논문의 의도와 명쾌한 인사이트를 찾아내려고 노력했다. 그런 내 모습을 보고 오죽했으면 아내가 그렇게 공부했으면 서울대에 갔을 거라는 이야기까지 했을까. 정말 포기하고 싶은 마음이 굴뚝같이 들었지만 매주 동기생들의 발표와 내용을 보고 들으면서 자존심도 상하고 도리어 오기도 발동했다. 영어 공부의 소중함과 절실함을 다시 느꼈다고나 할까. 어쨌든 총 서른 편이 넘는 HBR를 공부하면서 대학원생, 소위 컨설팅을 배운다는 학생으로서 조금씩 성장해 가는 나를 보게 되었다.

교수님께서 첫 수업에서 하셨던 말이 생각난다. 이 수업은 말 그대로 여러분 자신의 혁신과 변화를 끄집어 낼 것이라고. 4학기 코스워크를 마치고 논문을 쓰는 데 2년이 소요되면서 4년 만에 석사 학위를 받았다. 대학교 학부를 마친 지 20년 만에 대학원을 졸업하게 된 것이다. 40대 후반에 어렵게 석사 학위를 받으면서 나에게 공부란 무엇이고, 내가 이 과정을 통해서 무엇을 얻었는가를 되돌아보면 내 인생에서 대학원 생활은 확실히 '혁신과 변화'의 모멘

텀이 되었다.

지금 영업 현장에서 또는 각자의 업무에서 많은 스트레스와 존재의 무의미로 힘들어하는 후배들에게 꼭 해 주고 싶은 말이 있다. 어느 순간 자신이 정체되었다고 느끼거나 뒷걸음치고 있다고 느껴진다면 과감히 '혁신과 변화'를 하라고 조언하고 싶다. 그것이 공부건 취미생활이건 또는 무엇이든, 변화하지 않고서는 아무것도 얻을 수 없다. 이것은 확실한 답이다.

3-3

명품 영업

주위에 나를 잘 아는 지인이나 동료들이 가끔 새로운 고객이나 다른 사람에게 나를 소개할 때면 '최고의 영업을 하는 멋진 분'이라고 소개하곤 한다. 그런 말을 들으면 쑥스럽고 낯이 간지럽지만 나도 인간인지라 솔직히 싫지는 않다.

TV 프로그램 중에 신기한 물건을 가지고 나와 진품과 명품을 판별하는 프로그램이 있다. 자신이 아끼는 물건을 가지고 나온 의뢰인들이 생각보다 높은 가치를 알고 놀라서 기뻐하거나, 자신이 생각한 것보다 가치가 미달할 때면 실망하는 모습을 보곤 했다. 명품이라는 것이 어떤 유형의 물질에만 있는 것은 아니다. 나는 영업에도 명품이 있다고 생각한다.

 '명품 영업'. 내가 처음 영업을 하기로 결심했을 때 마음으로 다짐했던 말, 바로 영업의 명품이 되자는 것이었다. 영업을 꿈꾸는 많은 이가 한 번은 꼭 생각하고 그려 봤을 것이다. 단언하건대 누구나 영업에 있어 명품이 될 수 있고, 명품다운 영업을 할 수 있는 자질을 갖추고 있다. 단지 어떤 마음의 발현으로 그 영업이 빛을 내고, 고객에게 어떤 기억으로 남느냐에 따라서 그 가치가 매겨질 것이다.

 어느 책에서 본 구절처럼 '사람이 명품이 된다는 것'은 무엇일까. 우리가 이름만 들어도 아는 사람들, 이름 자체가 명함인 사람들, 그런 유명인에게는 그에 걸맞은 매너와 인품, 지혜, 교양이 꼭 따라붙는다. 영업도 마찬가지이다. 매너와 인품과 해박한 지식과 교양이 진정으로 우러나야 명품 영업이 된다. 영업을 하는 사람이 명품이 되지 않고서는 명품 영업이 나오지 않는다. 올바른 마음과 태도를 갖추지 않고 오직 실적만 좇는다면 겉은 화려할지 몰라도 인정받지 못하는 비웃음의 대상이 되고 만다.

 명품 영업을 하려면 엄청나게 노력해야 한다. 매일매일 자신을 갈고닦고 돌아보면서 변화해야 한다. 그게 명품을 관리하는 자세이다. 때로는 자존심을 버리고 영업을 하라는 말도 많이 하지만 그렇다고 자부심을 버리라는 말이 아니다. 명품 인생을 사는 셀럽들의 공통점은 자신만의 삶의 루틴이 있다는 것이다. 먹고 자고 노는 루틴부터 생각하고 실천하고 돕고 어울리는 루틴이 보통 사람들과는 조금 다르다. 조금 더 생산적이고 감동적이고 공감적이면서 창의적인 면이 많다.

영업도 그런 면을 지향해야 명품으로 거듭날 수 있다. 본인의 이익에만 국한하지 않고 조직, 회사, 나아가 사회에 공익을 주겠다는 포부를 지녀야 한다. 고객 한 명이라도 감동시키고자 하는 진실함, 기존의 틀을 깨고 더 나은 방법을 찾고 더 나은 미래를 꿈꾸는 긍정적 태도, 어떠한 어려움 속에도 꿋꿋이 이겨 나가는 단단함. 이런 자세를 지향하고 실천한다면 당신은 반드시 명품이 될 수 있다. 내일부터라도 눈앞에 보이는 작은 것 하나에 너무 치중하지 말고 나 자신을 명품으로 만드는 숙제에 매진해 보길 권한다. 정말 이 말은 진리이다. '사람이 명품이면 그 사람의 영업도 명품이 된다.'

3-4

좋은 영업 리더의 자질

회사를 지속적으로 발전시키고 구성원의 숨은 역량을 최대한 끌어내는 리더가 진정한 리더이다. 어떤 사람이 진정한 리더이고, 또 어떤 리더가 최고의 영업 리더일까? 조직 생활을 해 본 사람이라면 누구나 그런 질문을 해 봤을 것이다. 어떤 리더가 최고의 영업 환경과 영업인을 만들까? 내 짧은 경험과 지식으로 그 질문에 무엇이라고 확실하게 답을 낼 수는 없다.

이십여 년 동안 나는 특판 담당 임원을 여섯 분 모셨다. 더 정확하게 말하면 우리 부서와 우리의 영업 방향을 정해 주고 이끌어 주는 리더를 여섯 분 경험했다는 말이다. 영업 부서는 타 부서와 달리 자유롭고 다이내믹하다. 희로애락도 많고 에너지를 쏟는 감정 소모도 많다. 그래서 조직을 이끌기가 쉽지 않다.

해당 임원은 이러한 직원들의 감정선을 잘 판단해서 때로는 기운을 북돋아 주고 때로는 질책과 호응을 해 줄 수 있어야 한다. 임원 여섯 분을 모시는 동안 한 분 한 분의 리더십을 경험하면서 리더의 자질에 관해 많이 생각해 보게 되었다. 여기에서 특정한 누구를 옹호하거나 자랑하려는 것은 아니다. 다만 여섯 분의 스타일과 수장으로서의 리더십을 경험하면서 닮고 싶은 모습과 함께 지양해야 하는 부분도 알게 되었다.

리더의 자질을 다 나열할 수는 없지만 그분들을 통해서 내가 배운 리더의 자질 가운데 핵심은 충성심(로열티)을 이끌어 내는 능력이 있어야 한다는 것이다. 약간은 고리타분한 옛날이야기같이 웬 충성심 타령이냐고 할 수도 있겠다. 그러나 대기업이 아닌 중기업, 중소기업에서 조직원의 로열티는 향후 그 회사(조직)를 이끌어 가는 데 엄청난 자산이 된다. 좋은 직원이 좋은 회사와 제품을 만들듯 내가 소속된 조직과 내가 만든 제품에 로열티를 가지지 않고서 어떻게 남을 설득하고 감동을 주는 영업을 할 수 있겠는가. 내가 만약 사장이 되어 기업을 운영한다면 첫째 사훈도 로열티를 갖자는 것이고 둘째 사훈도 로열티를 가질 수 있는 직원을 만들자는 내

용일 것이다.

로열티는 쉽게 얻어지지 않는다. 마케팅 측면에서 살펴보면 오랜 사용과 경험을 통해 체득된 만족에 따라 고객 충성도가 높아진다. 따라서 로열티는 억지로 줄 수도 받을 수도 없는 것이다. 영업 분야에서 로열티는 확실히 중요하다. 일과 제품, 즉 고객관리와 서비스에 열정을 가지려면 로열티가 꼭 필요한 요소이다.

그런데 우리의 조직과 영업 현실은 어떠한가. 아직도 여전한 공무원의 상명하복 문화, 군사 독재 역사에서 내려온 군대 문화, 이 시기를 겪었던 대부분의 베이비부머 세대들로 구성된 임원들이 자유로운 X, Y세대인 중간 간부나 직원들과 소통을 이루고 있는 회사는 과연 얼마나 될까? 극히 드물다고 본다. 대부분의 영업 조직이 개인주의화하고 성과에만 초점을 맞추면서 지속적인 영업 성과를 기대할 수 없는 것이 현실이다.

영업을 잘하는 사람, 우수 영업인들의 공통점은 자기 직업이나 업무에 자부심이 있고 조직과 제품에 대한 로열티가 높다는 것이다. 바로 이러한 영업인들을 만들고 육성하는 몫이 리더에게 주어진 숙제인 것이다. 좋은 리더에게서 좋은 직원이 나오듯 좋은 영업 선배가 좋은 후임을 만든다. 선배가 지닌 영업의 로열티를 후배가 배우는 것이다. 평소 영업 현장이나 태도에서 자연스럽게 나타나기 때문이다.

영업으로만 한정한다면, 좋은 리더가 되려면 많은 후배 영업 직원들과 소통해서 로열티를 높이라고 말해 주고 싶다. 성과급이나 현물 제공만을 말하는 것이 아니다. 로열티는 돈 한 푼 들이지 않고도 얼마든지 높일 수 있다. 퇴근 후 소주 한잔을 같이 마시면서도 가능하고, 때로는 실패를 무릅쓰고 같이 업무에 몰두하면서도 가능한 일이다. 진심과 열정이 있는 로열티는 사람들의 마음을 움직인다.

영업을 잘하는 사람들의 말과 태도, 생각을 보고 듣고 느껴 보면 마음을 움직이는 힘이 있다. 영업을 대하는 진심과 열정이 있기 때문이다. 물론 그러한 진심과 열정이 자발적으로 생기는 게 가장 좋겠지만 그게 쉽다면 리더가 왜 필요하겠는가? 누구나 처음부터 영업을 잘하는 사람은 없다. 최고의 영업맨은 쇠를 연마하듯 오랜 기간 연단하여 만들어지는 것이지 '짠' 하고 나타나는 것이 아니다.

우리는 모두 언젠가는 선배가 되고 리더가 될 것이다. 좋은 리더가 되기 위해 지금부터라도 곰곰이 자기 자신을 돌아보길 바란다. 나는 우리 회사와 우리 제품에 얼마나 로열티를 가지고 있는지를.

3-5

돈과 영업

 영업을 잘하고 뛰어나니까 돈을 많이 벌었을 거라는 말을 참 많이 들었다. 지난 이십여 년간 영업을 하면서 정말 돈을 많이 벌었는지 스스로에게 물어보는데, 아니다. 그저 월급쟁이일 뿐이다. 고맙게도 부산에서 올라온 촌놈이 두 자녀를 대학에 보낼 만큼 벌었고, 서울에서 내 집을 장만할 정도면 많이 벌었다고 할 수 있지만 나 또한 일반 샐러리맨과 똑같이 꼬박꼬박 월급을 받는 직장인이다. 그렇게 많은 차를 팔아도, 한 대를 파나 백 대를 파나 똑같은 월급을 받는다. 솔직히 개인영업을 했으면 어땠을까라는 생각도 해 보았지만 그것 또한 '만약'이라는 가정일 뿐이다. 어찌 될지 아무도 모르는 일이지 않을까. 사실 특판팀에서 근무했기에 더 열심히, 더 정직하게 영업을 배웠는지도 모른다.

 개인영업을 비하해서 하는 말이 아니라 쉽게 만족하다 보면 쉽게 안주하는 게 인지상정이다. 이 부서에서 근무하는 동안 짧게는 1년에서 십수 년간 관리했던 업체가 셀 수 없을 만큼 많다. 그런 업체와의 관계는 돈을 목적으로 살 수 있는 관계가 아니었다. 그 회사의 사원이 팀장이 되고, 팀장이 임원이 될 때까지 내가 계속 그 업체 담당으로 있다는 건, 어떻게 보면 내게 커다란 영광이기도 하고 내 영업의 발자취를 뒤돌아보는 거울과도 같다.

 지갑은 오직 감동한 사람만 다시 연다는 말이 있다. 내가 파는 상품이나 하는 말이나 이미지 모두 그것을 사는 사람을 감동시킬 때만 다시 나를 찾는 것이다. 영업을 하면서 어떤 마음 자세로 임하느냐가 정말 중요하다는 것을 배웠다. 나를 다시 찾게 만들고, 나를 다시 만나고 싶어 하는 감동을 만드는 것이 영업의 진정한 최고 경지가 아닐까. 그 순간에 돈은 따라오는 것이다. 돌아가신 장모님께서 항상 "돈을 좇지 말고 사람을 만들고 움직이는 일을 좇으라"고 말씀하셨는데, 그 의미가 바로 이런 뜻이었다.

 사실 영업을 해 오는 긴 세월 동안 이런저런 불미스러운 일로 영업 현장을 떠나는 사람을 많이 보았다. 그들도 처음부터 그러려고 한 것은 분명 아닐 것이다. 명성과 지위가 오르면 초심을 잊고 변하기 때문에 발생하는 문제인 것 같다. 누가 이 진실에 당당히 아니라고 말할 수 있겠냐마는 최소한 한 번은 자신의 진심과 열정만 믿고 달려 보길 권한다. 그럼 그 한 번이 두 번이 되고 평생 자신의 인생 습관이 될지도 모른다.

3-6

영업은 쓰리다 I

 영업을 하는 사람들은 참 속도 넓고 참을성도 많다고 생각하는 사람이 있을 것이다. 나 또한 현장에서 그런 질문을 많이 받았다. 그러나 이 각박한 삶 속에서 그런 태도로 살아가는 사람이 몇이나 될까. 사실 영업이 어려운 이유는 일 자체의 중압감이나 난이도의 문제가 아니라 바로 사람과의 관계이다. 갑과 을 관계에서 오는 자괴감과 인내가 아닌가 싶다.

 지난 20여 년간 영업하며 달려온 시간을 돌이켜보면 세상이 무너질 것 같은 고통과 견딜 수 없을 것 같은 아픔의 시간도 많았지만, 심하게 독감을 앓은 아이처럼 그런 일들이 내성이 되고 항체가 되었다. 매일 아침 즐거운 마음으로 출근한다는 것은 꿈같은 이야기라고, 터무니없는 거짓말이라고 하지만 정말 그런 마음으로 출근하려고 노력했다. 어떤 어려움이 닥쳐와도 이겨 낼 수 있다는 자신감으로 버텨 온 시간이었다. 어느 영업의 고수께서 '매일 아침 자존심을 신발장에 내려놓고 출근한다'고 했는데, 이 말처럼 영업을 하는 사람들은 참 외롭고 자기와의 싸움을 많이 한다. 그래서 마음이 더 많이 쓰리고 상처도 많다.

지금도 나는 편하게 깊은 잠을 이루지 못한다. 거의 매일 밤마다 자다가 한두 번은 꼭 깬다. 그런 패턴이 일상이 된 지 오래이다. 영업을 시작하면서 지금까지 긴장감을 내려놓지 못한 것이다. 이 일을 그만두면 편하게 잘 수 있을 거라고 아내가 입버릇처럼 말하지만, 내 성격상 평생을 안고 가야 하는 직업병 같다. 영업은 하루에도 변화무쌍하고 희로애락이 여러 차례 반복되는 일이다. 그렇기에 한시라도 마음을 놓아서는 안 되고 일희일비할 필요도 없다. 일이라는 게 어느 때는 안 되다가도 어느 때는 잘될 수도 있고, 반대로 잘되다가도 어이없이 틀어지기도 한다. 그게 영업이다.

영업인은 항상 그런 변수를 미리 차단하고 관리할 수 있는 능력이 있어야 한다. 유능한 영업인일수록 항상 최선과 차선의 솔루션을 준비하여 상황별로 다양하게 대응한다. 나도 말은 이렇게 하지만 많이 실패하고 많은 기회를 놓치면서 여기까지 왔다. 하지만 내가 남긴 흔적들이 나를 성장하게 했고 더 단단하게 만들어 주었다.

영업은 달콤하지 않다. '과정은 쓰지만 열매는 달콤하다'는 성인의 말씀처럼 열매가 꼭 달지만은 않다. 때로는 처절한 성공이 부끄럽기도 했고, 옳지 못한 방법으로 해낸 것 같아 부끄럽기도 했다. 영업의 정도(正道)는 없지만 최소한 이정표는 될 수 있다는 생각으로 하다 보니 실패가 더 많았던 것 같다. 그래서 영업은 참 쓰리고 고통스럽고 아프다.

3-7

영업은 쓰리다 Ⅱ

 영업은 배낭여행을 닮았다고 생각한다. 누군가 정해 준 코스대로 다니며 좋은 밥을 먹고 편안하게 잠을 자는 패키지 관광 같은 영업은 단언컨대 없다. 막막한 가운데 스스로 나아갈 길을 찾고 어려움을 견디고, 그러면서 멋진 순간들을 경험하고 추억을 남기는 배낭여행과 영업은 많이 닮았다.

 영업이란 흐르는 물처럼 어디로 어떻게 흘러가는지 모르는 것이다. 그런데도 최선을 다해 분투하고, 깨치고, 개척하고, 성취하다 보면 어딘가에 닿을 것이고 어딘가에 추억을 남길 것이라고 생각한다. 지금 뒤돌아보면 그런 것 같기도 하지만, 배낭여행처럼 외롭고 스스로 감내해야 하는 것 같아서 나에게 영업은 쓰린 생채기처럼 아직도 아프다.

3-8

영업사원의 출근

　마음의 평안을 가지는 것은 세상을 살면서 정말 힘든 일이다. 그래도 영업을 하는 사람이라면 매일 아침 출근하면서 신발장 앞에서, 버스나 지하철 안에서 오늘도 평안한 하루가 되게 해 달라고 기도하는 마음가짐을 가져야 한다. 참 어려운 말이지만 지난 이십 년간 영업을 하면서 내 자신에게 매일 했던 약속이자 다짐이다.

　영업을 하는 사람은 마음이 편해야 한다. 그래야 고객 앞에서도 편안함과 여유를 보일 수 있고, 그런 가운데 좋은 분위기를 유도하면서 성과를 낼 수 있다. 이 글을 읽고 있는 영업맨이나 그의 가족들에게 꼭 하고 싶은 말이다. 항상 여유 있고 부드럽고 편안한 인상과 태도에서 영업 성과는 더 두드러지는 법이다. 대개 영업을 잘하는 분들의 공통점을 보면 내면적으로나 외형적으로도 이러한 특성을 지닌 분들이 많다. 친구나 가족, 동료에게 편안함과 여유를 보이는 분들이 고객에게도 그 느낌이 통하는 것이다. 바로 내가 말하는 '영업의 향기가 전달된다'는 것과 일맥상통한다.

후배 영업인에게 당부드리고 싶은 두 가지가 있다. 하나는 종교가 있든 없든 상관없이 매일 아침 눈을 뜨면 오늘 하루도 평안한 시간이 되게 해 달라고 자신에게 또는 신에게 기도하라는 것이다. 돈이 드는 것도 아니고 어려운 것도 아니니 당장 내일부터 시도해 보기를 적극 권한다.

다른 하나는 내가 지난 영업의 시간 동안 매일 사무실에 출근하면 꼭 하는 루틴이다. 자신의 자리에 앉아 컴퓨터를 켜고 전날 온 메일이나 문자를 확인해서 오늘 내가 무엇을 해야 하는지를 시간대별로 메모하는 습관을 만들라는 것이다. 이 또한 무척 쉽고 당연한 일 같지만 생각처럼 쉽지 않다. 다이어리에 규칙적으로 메모하는 게 습관이 되지 않으면 자꾸 빼먹게 된다. 최소 1시간 간격 또는 오전 오후 간격으로 그날의 미팅이나 방문 스케줄을 메모하면 그날 자신의 동선이 머릿속에 그려지고 무엇을 준비해서 가야 하는지 또는 무슨 말을 해야 하는지도 자연스럽게 떠오를 것이다. 그것까지 메모해 놓는다면 그 습관이 놓칠 수 있는 작은 실수를 커버해 주기도 하고, 때로는 그런 메모가 자신의 영업에 자신감과 당위성을 줄 때도 있다. 흔히 사람은 인식과 사고의 동물이라고 한다. 나의 행동이 때로는 상대방의 인식과 사고를 바꿀 때도 있는 것 같다. 말이 바뀌고 습관이 바뀌고 행동이 바뀌면 사고도 바뀌게 된다. 그러면 결국 인생도 바뀔 것이다.

고객과 같이 공감하고 같이 부대끼면서 좋은 생각을 많이 하고 좋은 말을 많이 하다 보면 고객이 내 안에 들어오고 내가 고객의 마음속에 들어갈 수 있는 길이 보인다. 영업은 단순하고 재미없는 길 같지만 자신이 어떻게 디자인하고 루틴을 만들어 가느냐에 따라서 결과는 판이하게 달라진다. 그래서 영업은 참 어려우면서도 의외로 단순하다. 왜 내게만 영업이 어렵고 힘드냐고 말하는 분들에게 이 두 가지만 당부드린다. 매일 아침 편안한 하루가 될 수 있도록 기도를 하고, 자신의 하루를 규칙적으로 메모하는 습관을 가지라고. 그런 작은 시도에서부터 자신의 영업이 변화될 것이라고 확신한다.

3-9

영업 목표 수립하기

 좋은 영업, 성공하는 영업을 하려면 어떻게 시작해야 할까. 어디서부터 어떻게 계획을 세워야 할까. 여기에서부터 막히는 후배들에게 실제 내가 하고 있는 몇 가지 팁을 전해 드릴까 한다.

 먼저 신년 초마다 세우는 개인의 계획 또는 회사에서의 사업계획은 무엇인가? 개인의 계획은 흔히 담배 끊기, 술 줄이기, 체중 감량 등을 목표로 세우고 세부적으로 실천 방안을 짤 것이다. 여기에서 성공 확률을 높이기 위해 나름 구체적이고 현실적인 실천 방안을 짜야 한다. 그래서 꼭 세 가지 목표를 세우기를 권한다. 각각 영역이 다른 목표 세 가지 말이다.

대부분 한 분야(회사 또는 사회생활)에 국한해서 목표를 세우는 경향이 많다. 예를 들어 회사 매출의 몇 퍼센트 달성하기, 판매 실적 몇 대 올리기, 승진하기, 아파트 분양받기 등 계획으로는 그럴듯하지만 달성하지 못했을 때 허무함이 커지는 목표는 대부분 얼마 가지 않아 실패하거나 도전을 시작했을 때의 다짐과 의미를 잃어버리는 경우가 많다. 흔히 말하는 '워라밸(Work and Life Balance)'의 균형이 무너지는 것이다.

내가 권하는 방법은 다음과 같다. 목표를 수립하되 개인, 회사, 가족으로 카테고리를 나누고 최우선 목표를 각각 정하는 것이다. 카테고리별로 각자의 최대 관심사가 무엇인지 생각해 보고 거기에서 올해 안에 꼭 이루고 싶은 것을 끄집어낸다. 예를 들어 학업 중인 회사원이면 대학원 입학이나 학위 취득이 될 것이고, 주식이나 투자에 관심이 많은 회사원이라면 주식 투자 수익 얼마 벌기나 관련 자격증 취득 등이 될 것이다. 이런 방법으로 회사와 가족도 목표를 도출한다. 단 이 목표들이 올해 안에 꼭 이룰 수 있는 단기 목표여야 한다는 점을 명심한다. 너무 장기적인 목표는 시간이 필요하거나 얼렁뚱땅 넘어갈 확률이 높다. 우리는 방학 계획을 세우는 초등학생처럼 막연하게 계획을 세울 나이가 아니다. 따라서 꼭 올해 안에 이룰 수 있는 목표를 카테고리별(개인, 회사, 가족)로 세운다.

우리 주위에서 1년에 한 개 이상 목표를 달성하는 사람이 얼마나 될까? 그런데 이런 식으로 계획을 세워 보면 신기하게도 최소한 한두 개 목표를 이루는 경험을 하게 된다. 단언하건대 이런 경험이 쌓이면 해마다 성장하는 자기 자신을 경험하게 되고 성공하는 인생을 지속적으로 느낄 것이다. 그런 경험은 자산이 되어 본인과 가족, 회사 동료에게도 좋은 영향을 준다. 개인적으로는 앞서 말한 개인, 회사, 가족 카테고리로 짜 보는 게 효과 면에서 좋다. 만약 미혼자라면 가족 대신 친구나 동료를 넣어도 무방하다. 이렇게 큰 틀에서 카테고리별로 올해 목표를 정하고 나면 꼭 실천 방안을 한 가지 이상 적어야 한다. 목표만 수립하고 실천할 방안이 없다면 유동적일 수 있고 스스로 컨트롤이 안 될 경우가 많기 때문이다.

예를 들어 골프에 관심이 많은 사람이 '올해 라이프 베스트 달성 및 필드 스코어 80대 타수 유지하기'를 목표로 정했다면, 먼저 라이프 베스트 목표를 정하고(예를 들어 85타) 그 실천 방안으로 필드 스코어 카드 작성 및 주 1회 연습장에서 200개 이상 치기 등을 세부적으로 수립하는 것이다. 이렇게 하면 매 필드 경기에서 조금 더 신중해지고 타수 관리를 위해서 연습도 게을리하지 않을 확률이 높아진다.

영업 현장에 적용하는 것도 마찬가지이다. 영업 계획도 이렇게 수립할 수 있다. 올해 영업 목표를 세 가지 카테고리로 나눠서 세워 보는 것이다. 실적, 신규 소구(점포/업체/인원), 마케팅 판촉 등 자신의 환경이나 상황에 맞게 쪼개서 계획을 세우는 것이다. 잊지 말아야 할 것은 마찬가지로 올해 안에 달성할 수 있는 단기 목표여야 한다는 점이다. 또 실천 방안을 꼭 한 가지 이상 기입해야 한다.

목표와 계획, 실천 방안을 수립했다면 출력해서 자신의 다이어리의 첫 장에 붙이기를 권한다. 조금은 촌스럽고 아날로그 방식이라 느낄 수도 있지만 효과 만점이다. 매일매일 자신의 분신과 같은 다이어리에 붙이고 다니면 수시로 눈에 띄어 계속해서 자극을 받게 되고 자칫 방심하거나 나약해진 마음을 다잡을 수 있다. 자신의 목표 의식을 되새기는 데 이보다 좋은 방법을 보지 못했다.

우스갯소리로 옛날 초등학교 시절에 책상 앞에 덩그러니 붙여 놓았던 '나의 목표'라는 게 어린 나이에도 얼마나 뇌리에 깊이 박히는지 한번 생각해 보면 알 것이다. 나를 만난 사람들은 나의 다이어리에 항상 붙어 있는 나의 목표를 보면서 때로는 부러워하기도 하고 정말 이루고 있느냐고 되묻곤 한다. 믿기지 않을지 모르지만 정말로 지금까지 거의 모든 목표를 이루어 왔다. 지금 쓰고 있는 이 자서전 또한 올해의 개인 목표 가운데 하나였다.

정리하자면, 영업 목표 수립은 거창하거나 어려운 게 아니다. 자신을 냉정하게 돌아보고 천천히, 확실하게 이룰 수 있는 현실적인 목표를 다양한 카테고리로 잡고 아주 쉽게 접근할 수 있는 실천 방안을 세워 항상 생활 속에서 리마인딩 할 수 있도록 하면 된다. 조금은 초등학생처럼 유치하게 여겨질지 모르지만 이게 제일 확실하면서도 재미있는 방법이라고 자부한다.

3-10

영업의 의미

영업을 하다 보면 왜 이리 꼬이는 일이 많고 제대로 되는 게 없는지, 자괴감에 빠질 때가 한두 번이 아니다. 그럴 때마다 어떻게 돌파구를 찾아내느냐에 따라 영업에서 롱런을 하느냐 마느냐가 판가름 난다 해도 과언이 아니다. 그래서 영업이 참 어렵다.

이 대목에서 후배들에게 말하고 싶은 것은 '경험보다 값진 가치는 없다'는 것이다. 그 경험이 성공한 경험이건 실패한 경험이건 결과가 중요한 것이 아니라 경험 자체에서 얻을 수 있는 가치가 정말 크다고 생각한다. 누구든 실제로 겪어 보아야 제대로 알게 된다는 점에서 인생은 공평하다고 할 수 있다. 형상의 가치에서 주는 만족이 아니라 경험을 통해 피부로 느끼는 실제 가치가 누가 뭐라고 해도 크다.

 남들에게는 쉽게 느껴지거나 하찮게 여겨지는 경험일지라도 본인에게는 억만금을 주고도 살 수 없는 값진 것일 수 있다. 그래서 인생은 공평하다. 왜 나에게만 가혹하고, 왜 나만 힘드냐고 생각하지 말자. 영업에 큰 뜻을 품은 분이라면 더더욱 경험을 중요하게 생각하고 자산으로 삼길 바란다. 자신이 하는 영업의 의미와 지금 서 있는 그 자리와 주변을 둘러보길 바란다. 경험에서 얻는 무수한 자산이 우리를 기다리고 있다.

 영업을 하면서 정말 많은 사람을 만나 보았다. 그런데 영업인들은 특히 다른 직업군의 사람들보다 감정이 풍부하고 감성이나 지성 면에서 훨씬 높았다. 통계적으로 영업인들이 감성지수가 높은지 아닌지를 따져 보지는 않았지만 분명한 건 뛰어난 영업인일수록 감수성이나 적응력이 높다는 사실이다. 왜냐하면 본인의 환경에 구애하지 않고 언제나 긍정 에너지를 발산해야 하는 직업 특성상 다른 이보다 감정 표현과 조절 능력이 탁월할 수밖에 없기 때문이다. 때로는 이러한 능력을 잘 활용하여 자신에게 유리한 상황으로 만들다 보니 적응력이 뛰어날 수밖에 없을 것이다. 그렇다고 상황에 맞추느라 비굴하거나 지나치게 자신을 속여 가면서까지 감정을 억누르는 것에는 찬성하지 않는다. 좋은 영업인일수록 자신의 감정에 더 솔직하고, 감정을 잘 가다듬는 기술자와 같기 때문이다.

나는 어렸을 때 선생님이 되고 싶은 꿈을 꾸었다. 솔직히 지금도 영업의 직을 내려놓고 기회가 된다면 선생님이 되고 싶다. 정규 과정을 다시 밟아서 선생님이 되기는 현실적으로 어렵다. 그저 일일 교사라도 좋다. 청소년이나 대학생, 누구든 내 인생 이야기와 경험을 같이 나누고 대화하면서 그들에게 꿈과 희망을 나눠 주는 그런 선생님이 되고 싶다. 나에게 영업은 직업 이상의 많은 이야기와 흔적을 남겨 준 보물과도 같다. 이런 보물 상자를 나 혼자 가지는 것도 좋지만 남들에게 보여 주고 만지게 함으로써 그들도 소유하고 싶은 의지를 갖게 만든다면 더욱 의미 있지 않을까.

오늘도 어디에선가 굵은 땀방울을 흘리면서 영업을 하고 있을 수많은 후배 영업인에게 영업은 어떤 의미일까. 허락된다면 한번쯤 시간을 가지고 먼발치에서 자신의 영업을 돌아보기를 권한다. 그러면 평소에 보이지 않던 뭔가가 보일 것이고, 찾지 못할 것 같았던 보물이 그리 멀리 있지 않다는 것을 깨달을지도 모르겠다. 혹여 그 과정에 어려움이 있다 해도 포기하지는 말기 바란다.

3-11

영업과 골프의 공통점

중년으로 접어들면서 일상에 몇 가지 변화가 생겼는데 그중 하나가 골프를 시작한 것이다. 주위에서 권유하고 친구들이 많이 입문하다 보니 자연스레 접하게 되었지만 다른 사람보다는 조금 늦은 40대 중반에 입문했다. 그전까지는 등산이나 캠핑을 즐겼다. 내가 보기에 골프라는 운동은 다른 스포츠에 비해서 하면 할수록 자신과의 싸움에 더 빠져들고, 그러면서 다시 첫 마음가짐으로 되돌아가게 만드는 아주 희한한 운동이다. 어찌 보면 그런 면에서 골프는 영업과 닮은 면이 많다.

내가 생각하는 몇 가지를 나열해 보면, 첫째는 골프와 영업은 혼자서 해결해야 하는 숙제와 같다는 것이다. 골프를 해 보신 분들은 다들 이해하겠지만 안 나오는 타수나 스윙 폼의 문제점에 대해 제일 잘 아는 사람이 바로 본인이다. 아무리 레슨프로가 잘 코치해 주어도 본인이 스스로 해결하지 못하면 아무 의미가 없다는 말이다. 물론 주위의 도움을 받는 분도 많지만 결국은 본인 스스로 피나는 연습과 꾸준한 경험이 없으면 아무 소용이 없다. 영업도 그런 것 같다. 아무리 좋은 영업을 한 선례와 선배들의 조언이 있어도 본인이 직접 부딪치고 풀지 못하면 자신의 것으로 만들 수 없다. 그만큼 실패와 성공을 연속적으로 해 봐야 한다는 것이다.

둘째는 골프와 영업 모두 마지막까지 가 봐야 안다는 것과 아무도 결과를 예측할 수 없다는 것이다. 반전에 반전이 있는, 참으로 다이내믹한 분야가 영업이다. 어제 그렇게 안 되던 것이 오늘 꿈같이 이뤄지기도 하고, 가능성이 1퍼센트밖에 없던 일도 행운으로 돌아오는 게 영업이다. 골프도 그런 것 같다. '골프채를 놓을 때까지는 모른다'는 혹자의 유명한 말같이 1홀부터 17홀까지 잘 가다가도 마지막 홀에서 뒤집어지거나 어이없는 실수로 좋은 결과를 망치는 일이 참 많다. 프로의 세계에서는 더더욱 그런 일이 많은 것 같다. 그렇기에 끝까지 방심하지 말고 자만하지도 말아야 한다. 영업 현장에서도 '마지막 계약서 도장을 찍을 때까지 방심하지 말라'는 말처럼 변수에 변수까지 계속 주시하는 긴장감이 필요하다. 그런 면에서 골프와 영업은 끝까지 긴장하면서도 자신에게는 엄격해야 하는 자기와의 싸움이다.

셋째는 골프와 영업은 좋은 동반자와 라이벌이 있어야 좋은 결과를 만든다는 것이다. 일명 명량골프를 지향하는 골퍼들이나 좋은 스코어를 내는 싱글 골퍼들은 이 이야기에 많이 공감하리라 생각된다. 골프와 영업은 좋은 에너지와 긍정적 환경에서 더 잘되는 것 같다. 그런 환경을 만드는 데는 자신뿐 아니라 동반자와 외부 환경도 매우 중요하다. 배려와 겸손, 공정한 경쟁 분위기에서는 안 되는 것도 긍정적 에너지로 잘되게 만드는 힘이 있다. 자신의 잘못된 생각이나 태도를 적절히 조언해 주고 때로는 충고해 주는 그런 동반자, 묵묵히 지지하고 응원해 주는 동반자, 좋은 결과에 같이 환호해 주고 박수를 보내 주는 동반자가 있는 골프와 영업이라면 당연히 좋은 결과를 만든다.

지금은 골프를 바라보는 시각이나 환경이 예전과는 많이 변한 것 같다. 하지만 변함없는 건 여전히 골프는 배려의 스포츠이고 겸손의 스포츠라는 것이다. 앞서 말한 것같이 동반자와 상대방보다 뛰어난 자신의 실력을 과시하지 않고, 타인의 부족한 실력을 무시하지 않는 마음을 지녀야 한다. 이것을 배려와 겸손이라고 말하면

맞을지 모르겠지만 영업에서도 마찬가지이다. 경쟁자와 업체에 대해서 항상 일관된 마음으로 임하는 자세가 승리와 성공을 이끄는 원동력이 된다.

오늘도 영업 현장에 나가기 위해 신발 끈을 동여매면서 다짐해 본다. 내일 어떤 어려운 상황이 오더라도 남을 탓하거나 책임을 회피하지는 말자고. 다 내가 만든 시나리오이고 또한 내가 책임져야 하는 숙제이다. 그것이 OB가 되든 Hazard가 되든 파이팅하면 된다.

3-12

장수하는 영업 비결

　영업을 하면서 가장 괴로울 때는 많은 노력과 시간을 투자한 일을 중간에 포기해야 하는 경우이다. 내 자신의 문제나 잘못 때문에 포기해야 하는 경우도 있고, 회사 리더의 반대나 대응 부족 때문에 포기하는 경우를 말한다. 이럴 경우 영업인이라면 누구라도 그 마음을 이해할 수 있을 것이다. 특히나 우리 특판팀은 짧게는 몇 개월부터 길게는 몇 년씩 공을 들여 온 것을 포기하는 경우가 꽤 많았다. 열정이 남달랐던 영업 초기 시절에는 경쟁사에 진 것보다 더 괴로워서 애꿎은 선배를 붙들고 술로 풀어 보기도 했고, 한강에 가서 소리도 막 질러 보았다.

나는 승부욕이 조금 강한 편이다. 경쟁 입찰이나 업체 관리에 있어서 처음부터 끝까지 긴장을 놓지 않고 빈틈을 보이지 않으려고 꽤 많이 노력했다. 경쟁 입찰에서 지는 날에는 내 자신의 영업 실패로 느껴져 잠을 이루지 못하기도 했다. 영업을 하면서 생긴 고질적인 긴장감과 예민함이 지금도 쉽게 잠을 이루지 못하게 하는 걸 보면 직업병인 것 같다. 업체가 결정적 상황에서 우리 차를 배제하거나 불가피하게 선택하지 않을 때에는 내 자신이 낙오된 것 같은 자괴감에 빠지곤 했다.

영업에 있어 적당한 자기 긴장감은 필요하다. 하지만 그것이 도리어 영업을 오래 하지 못하게 만드는 요인이 될 수도 있다. 영업 고수들의 공통점은 항상 밝은 얼굴이라는 것과 긍정 에너지를 가지고 있다는 것이다. 이는 자존감의 밑바탕에 자기 만족감과 효능감이 있지 않고서는 불가능하다. 어떠한 일에 최선을 다해 노력하고 열정을 쏟다가도 내부 요인이나 외부 환경 때문에 포기할 수밖에 없는 상황에서도 냉정함을 잃지 않고 그 결과를 받아들이는 열린 마음이 필요하다. 성공과 실패를 떠나서 장수하는 영업 비결은 바로 이런 과정을 계속 반복하면서 성장하는 것이다. 때로는 속이 새까맣게 타기도 하고 허무하게 끝나는 경쟁도 많았다. 신이 있다면 신이 원하는 대로 되는 것이라 생각하고 마음을 내려놓는 것이 영업에 도움이 될 때도 있다. 일일이 설명하지 않아도 이런 말이

와닿는 분도 많을 것 같다.

"인생이란 폭풍우가 지나가기를 기다리는 게 아니라 빗속에서도 춤추는 법을 배우는 것이다."

미국 작가 비비안 그린의 말처럼 바로 영업이 그런 것 같다. 마구 쏟아지는 비를 피하는 것이 능사가 아니라 비 맞는 것을 즐기다 보면 비가 하나도 두렵지 않다는 걸 알게 된다. 심지어 그런 비가 우리의 영업에서는 자주 온다는 게 고마울 때도 있을 것이다. 내성을 기르는 것, 그리고 즐기는 것. 영업에 이 이상의 처방이 어디 있을까.

3-13

영업의 기본

영업을 오랫동안 해 오면서 자괴감에 빠지거나 허무함이 들 때가 없었다고 한다면 당연히 거짓말이다. 되돌아보면 그런 위기의 순간을 잘 버티고 넘어왔기에 지금이 있는 것이다. 영업을 하다가 위기와 힘든 시간이 오면 어떻게 극복하는지 물어보는 후배들이 많다. 무엇이 그런 위기를 견디고 극복하게 하는 원동력일까? 영업은 살아 있는 생물이라서 하루에도 몇 번씩 감정과 상황 변화가 일어난다. 어제는 확실했던 계약이 오늘은 파기될 수도 있고, 어제는 단단히 약속했지만 오늘 쉽게 변절할 수 있는 것도 영업 현장이다. 쉽게 믿을 수 없고 의심과 변수에 매 순간 가슴 졸이며 건너야 하는 징검다리와도 같은 것이 영업이다. 그래서 영업이 어렵다.

"사람을 믿지 말고 상황을 믿어라." 백 퍼센트 공감하는 말이다. 법인영업을 하다 보면 99퍼센트 완료한 작업일지라도 최고 결정권자의 말 한마디에 뒤집혀 무산되기도 한다. 그런 날이면 흔한 말로 낮술에 흠뻑 취해 주위 모든 것에 화풀이하거나 누군가를 원망하면서 결국 지질한 기억을 남기기도 했다. 아마 지금도 많은 영업사원이 이 말에 공감할 것이고 자기의 얘기 같다고 느낄 것이다. 하지만 버리는 것은 자기 속이고 술값이다. 일이 잘 안 풀리고 내 맘같이 상황이 바뀌지 않을수록 기본으로 돌아가야 한다. 다시 영업의 기초로 돌아가서 평소에 놓쳤던 사람들을 만나고 그들의 말을 청취하고 공감해 보아야 한다. 희한하게도 내 경험상 백이면 백 그렇게 했을 때 자신의 교만이나 변수를 고려하지 않은 디테일의 부족함이 자초한 일임을 깨치게 되었다.

영업의 결과는 솔직하다. 자신의 마음속에 조금이라도 찌꺼기가 남아 있으면 항상 그게 문제를 일으킨다. 그래서 영업을 할 때는 조금이라도 마음에 걸리는 일이 있어서는 안 된다. 눈앞에 계산이 훤히 보이는 모습도, 다른 사람을 속이는 계산도, 솔직하지 못한 말도 고객은 모두 알고 있다. 그래서인지 영업의 고수들에게서 느끼는 공통점은 순수함이다. 어떨 때는 순박하기까지 하다. 그리고 그들에게는 기본으로 돌아가는 마음가짐과 루틴이 있다. 복잡하고 꼬일수록 더 기본으로 돌아가야 한다. 잠시 늦는 것 같고 손해를 보는 것 같아도 결국 그게 가장 빠른 길이다. 계약이 안 되고 홍보나 판촉이 안 될수록 기본으로 돌아가라. 잔꾀 부리지 않고 오로지 직구로만 승부하는 마음으로 임해야 한다.

 나도 사람인지라 영업이 안 될 때, 입찰에서 패배했을 때, 다 만들어 놓은 작품이 윗선에서 거절당해 놓아야 할 때면 짜증 나서 도망가고 싶었다. 원망도 하고 회사 욕도 해 봤지만 결국 내 문제였고 내게 해답도 있었다. 백전백승하는 영업은 없다. 그러나 패배를 딛고 일어서서 진화할 때 다시 이기는 영업이 된다. 그래야 좋은 영업이 되고 좋은 영업인이 된다. 더 나은 영업의 모습을 그리는 모든 이에게 감히 말하고 싶다. 영업은 성공보다 패배에서 훨씬 더 많은 것을 얻는다고.

 기본으로 돌아가 간절한 마음으로 다음을 기약하는 자만이 또다시 기회를 움켜잡는다. 위기일수록 더 기본으로 돌아가라. 그게 영업의 답이다.

3-14

영업력 회복 솔루션

이제 인생의 반의 정점을 돌다 보니 새롭게 도전해야 할 시점이 온 것 같다. 영업을 하면서도 이런 느낌을 많이 받는다. 특히 실패를 경험하다 보면 쉽게 지치기도 하고, 매너리즘에 빠져 감(感)을 잃어버릴 때도 많았다. 나 또한 이런 상황에서 많이 좌절해 봐서 그 맘을 충분히 이해한다. 이럴 경우 어떻게 극복하고 예전의 감을 되찾을 수 있을까. 내 나름으로 극복했던 팁을 공유하고자 한다.

우선 무조건 현재 상황 시점에서 잠시 멈추는 것이다. 무엇을 해도 안 되고 아무리 애써도 되는 게 없는 경우이다. 특히 영업을 하다 보면 계속해서 꼬이고 실수하는 때가 있다. 영업은 몸과 마음의 컨디션이 많이 좌우하는 일이라서 이성적 관점보다 감성적 판단에 호소하는 경우가 더 많다. 또 상대방에게도 그런 감성적 접근이 필요한 일이라서 그날의 감정선이 좋지 않다면 자신뿐만 아니라 고객과 상대방의 기분까지도 망칠 수 있다. 그런 상황이 오면 무조건 말과 행동을 멈추고 잠시 '멍때리는' 시간을 갖는 것이 좋다.

영업을 하는 분들은 다른 직종 사람들보다 감정선이 여리거나 풍부한 사람이 많다. 그래서 쉽게 흥분하기도 하고 즐거워하기도 하고 슬퍼하기도 한다. 내가 만난 영업 직원들은 대부분 그랬다. 과학적 근거나 심리적 현상으로 설명할 수는 없지만 내 나름으로 결론을 내려 보면 감정이 풍부한 사람들이 영업에 잘 적응하고 실적을 올리는 데 유리한 것 같다.

다시 본론으로 돌아가서 일이 잘 안 풀리거나 영업이 막힐 때면 지금 하던 일을 멈추고 '멍때리는 시간'을 갖기를 권한다. 마음의 평안을 얻는 것도 있지만 최소한 현재보다 악화하거나 나쁜 상황을 만들지는 않을 것이다. 본인 영업에 있어 하루는 그리 큰 시간도, 손해 보는 시간도 아니다. 하루 정도 충분히 손을 놓아 보길 권한다.

그리고 충분히 휴식을 취했다면 최근 본인이 해 왔던 일이나 행동을 돌아보고 그중에서 영업에 도움이 되지 않았던 것과 조금 이별하는 연습을 해 보자. 예를 들어 음주 횟수가 잦았거나 개인적인 일로 아침 시간을 허비하는 경우가 많았다면 음주 횟수를 줄이고 아침 루틴을 바꿔 보는 것이다. 음주 횟수를 줄이기 위해 저녁에 운동을 하거나, 영업에 도움이 되는 독서를 하거나 여러모로 익숙한 지금의 내 모습과 이별해 보자.

영업 패턴이나 스타일을 바꾸는 일은 쉽지 않다. 오랫동안 자신에게 익숙한 패턴이 몸에 배어 있기 때문이다. 그런 패턴이 자신의 영업에 도움이 된다면 좋겠지만 내 경험상 자신의 스타일만 고집하는 고수는 없다. 영업 고수에게는 그들만의 일정한 루틴과 오라가 있기에 어떤 상황에서도 흔들리지 않는다. 자신만의 루틴과 오라를 가지려면 지금 자신에게 익숙한 루틴과 이별해야 한다. 물론 그 스타일로도 영업을 잘할 자신이 있다면 굳이 버리지 않아도 되겠지만 현재 깊은 매너리즘이나 영업의 위기를 맞았다는 것은 이미 그 스타일로는 답을 찾을 수 없다는 것을 말해 준다. 답은 외부에 있지 않고 바로 자신에게 있다.

영업은 결코 유형의 물질로 만들어지는 결과물이 아니다. 무형, 즉 감정과 이성의 조합으로 만들어 내는 산물이다. 그렇기에 항상 마음 다스림이 중요하고 창조적 관점에서 노력을 게을리하지 말아야 한다. 쉽게 깨질 수 있는 유리와 같은 것이 사람의 마음이다. 그래서 영업 고수들은 마음의 평안과 상황의 유리함을 만들기 위해서 항상 주위의 사람이나 사물에 신경을 많이 쓴다. 누구나 영업을 하면서 위기나 어려움을 겪는다. 아무리 고수라고 해도 상황이 안 풀리는 어려움에 직면한다. 하지만 카멜레온 같은 변화에 대응하고 적응하는 힘, 익숙한 것과 언제든 이별할 수 있는 마음가짐이 있다. 이게 바로 영업의 매너리즘을 극복하고 한 단계 더 높이 도약해 나가는 솔루션이다.

그래도 일이 잘 안 풀리거나 일이 너무 힘들거나 방향성을 잃어서 무엇을 먼저 해야 할지 우선순위가 헷갈릴 때면 같은 업계에서 만난 친구들에게 전화를 자주 하는 편이다. 같은 영업이라는 세계에 있으니 서로 쉽게 공감한다. 더 중요한 것은 어느 정도 영업을 아는 친구들은 전화 목소리만 들어도 왜 전화했는지, 상대방이 어떤 심정인지 알기에 마음 놓고 위로를 얻을 수 있어서 좋다.

앞에서도 말했듯 영업을 하는 친구들은 감정선이 다른 분야의 친구들보다 조금 더 세심하고 풍부한 편인데, 그런 것이 영업에 장점이 되기도 한다. 어쨌든 일이 잘 풀리지 않거나 실적에 쪼이거나 압박이 많을 땐 시원하게 같이 풀 수 있는 자리를 의도적으로 만드는 것이 좋다. 그 친구들도 각자의 회사에서 실적 때문에 스트레스를 받고 적잖이 힘들 테지만 더 힘든 친구를 기꺼이 위로해 주는 것은 그들이 걸어온 길이고 누구보다 잘 알기 때문일 터이다. 그런 친구들 덕에 힘을 얻을 때가 많았다. 때로는 선배같이, 친구같이, 마누라보다 더 살뜰하게 챙겨 주고 충고해 주는 그들이 있어서 내 영업이 더 발전한 게 아닌가 생각한다.

사실 이제까지 그 친구들에게 감사를 말로 전하지 못했다. 지면을 통해서 이렇게라도 표현하니 묵은 체증이 내려가는 듯하다. 항상 좋은 기운으로 이벤트와 분위기를 주도해 나가는 삼성카드 김 차장, 시원시원한 목소리로 언제나 긍정 에너지를 발산하는 하나캐피탈 강 부장, 이야기의 즐거움과 진중함이 언제나 끌리는 렌터카연합회 박 실장, 언제나 내 편이 되어 주고 좋은 아이디어를 제공해 주는 신한카드 안 차장 등 많은 친구가 있었기에 지금의 내가 있고 힘들 때 포기하지 않고 달려온 게 아닐까. 항상 건강하고 서로에게 격려가 되는 그런 친구가 되었으면 하는 마음으로 오늘도 열심히 뛴다. 영업은 가끔씩 쓸쓸함을 주지만 지지하고 응원해 주는 친구들이 있어서 해 볼 만한 일인 건 틀림없다.

3-15

즐기는 영업

"영업을 즐겨라."

영업을 하면서 참 많이 들었던 말이고 동시에 많이 해 줬던 말이다. 사실 아이러니한 말이면서도 묘하게 끌리는 말이다. 계속해서 영업은 힘들고 쓰리고 아픈 거라고 말해 놓고 갑자기 즐기라니, 이건 좀 앞뒤가 맞지 않다고 생각할 수도 있다. 그러나 지나고 보면 이 말같지 않은 말이 맞다는 걸 알게 된다. '실력이 뛰어난 사람보다 더 이길 수 없는 사람은 즐기는 사람'이라고 유명한 스포츠 스타가 말했다. 내가 영업 현장에서 보고 경험했던 바도 똑같다.

고층 빌딩에서 근무해 본 직원들은 다 알듯 구두를 정기적으로 닦는 직원들이 참 많다. 내가 근무했던 여의도의 모 건물에도 그 건물에서만 몇 년째 구두를 닦는 사장님이 있었다. 아마 모르긴 몰라도 그 건물에서 가장 먼저 출근하는 분이 바로 그 사장님일 것이다. 어눌한 말투지만 항상 미소를 띤 사장님의 모습이 언제나 좋은 아침을 열어 주셨다. 매일 아침 각 층마다 다니면서 고객들의 구두를 수거하고 다시 가져다주었다. 막상 쉽고 단순해 보이는 일이지만 실제는 그렇지 않다. 건물의 각 층마다 고객이 한 사무실에 최소 이삼십 명이 있고, 전체 13층이니 최소 200~300명 고객의 신발을 외우고 있다는 말이 된다. 정말 감탄할 수밖에 없다.

한번은 어떻게 그 많은 사람의 신발을 외우냐고 여쭤보았다. 사장님은 초등학교 학력밖에 안 되지만 구두의 생김새와 그 주인의 얼굴을 매치하는 동물적 감각이 있다고 했다. 지금도 길거리를 다니는 사람의 발끝부터 얼굴까지 외우는 감각이 남보다 뛰어난 것 같다고 말하며 머쓱해하셨다. 일이 고통스러우면 즐겁게 할 수 없듯이 이 사장님에게는 지금의 일이 즐거운 일상인 것이다. 개인적으로 사장님 가게에서 구두를 닦으면서 사장님의 인생 역정을 들었다.

어릴 때 먼 시골에서 상경해 중국집 배달 일부터 안 해 본 일이 없다고 한다. 믿었던 사람에게 사기를 당하기도 하고 상처를 입으면서도 평생 이 조그만 구둣방을 해 온 자신이 그리 특별한 것 같지는 않다고 부끄러워하셨다. 그러나 자신의 일에서만큼은 자부심이 대단했다. 자신이 닦는 구두가 다른 가게와는 차별화한 기술로 닦기에 이 지역에서는 최고라고 했다. 그 차별화된 기술이 뭐냐고 물어보니 자신만의 '물광' 기술이란다. 보통 구두를 닦으면 구둣기름이 잘 붙게 불을 쬐어서 액체 구둣기름이 오랫동안 구두에 안착되게 한다. 그런데 이 사장님은 거기에 물로 광을 한 층 더 냄으로써 일종의 광택을 입힌다고 했다.

그 이야기를 무슨 특별한 비법인 양 흥분하면서 재밌게 말하는 모습을 보면서 정말 이 일을 즐기는 분이라는 생각이 들었다. 손에 묻은 구두약이 채 벗겨지기도 전에 계속되는 광칠 때문에 시커멓게 된 손으로 사모님이 싸 주셨다는 도시락을 꺼내면서 "이렇게 늦은 점심이지만 이 시간이 제일 좋다"고 말하며 사장님은 해맑은 웃음을 지으셨다.

그 모습을 보면서 계산적이고 성공 지향적으로 살아온 나 자신을 돌아봤다. 차 한 대를 팔기 위해 성심을 다하고 때로는 손해 보는 일도 마다하지 않았던 내 모습, 몇 날 며칠을 노심초사하면서 성사되기를 바라 왔던 일이 실패로 돌아갔을 때 몇 날 밤을 자책

했던 수많은 시간이 떠올랐다. 반드시 즐겁고 꼭 남이 알아줄 만큼 화려해야만 즐기는 것일까. 소소하지만 자신의 루틴대로, 자신이 바라는 대로 이뤄 나가는 과정, 실패도 성공도 나에게 좋은 영양제라는 생각, 이런 모든 것이 일상의 연속같이 느껴지면 그게 바로 즐기는 영업이고 좋은 영업이 아닐까. 오늘도 사장님 가게로 구두를 닦으러 가면서 여러모로 배우게 된다.

3-16

영업에서 버려야 할 세 가지

 영업을 하면서 좋은 영향을 주는 말만 할 수 없듯이 영업인들에겐 마땅히 버려야 할 것도 많다. 지난 시간 동안 버려야 할 것을 제때 버리지 못해서 패가망신하는 사례도 많이 봤고, 스스로에게 엄격하지 못해서 결국 더 큰 손실을 보는 경우도 많이 보았다. 꼭 승리하고 전진하는 것만이 진정한 영업은 아니다. 때로는 한 걸음 물러나 자신의 과오와 현실을 되돌아보면서 심기일전하는 법도 배워야 한다. 이런 바람으로 나의 경험을 통해서 느낀 '영업에서 꼭 버려야 하는' 세 가지를 소개한다.

첫째는 '패배주의'이다. 어떤 업종이건 모든 회사는 1위 브랜드가 되기 위해 노력한다. 자신의 영업 의지와는 달리 회사의 브랜드 가치가 떨어져서 영업에 영향을 받는 경우가 많다. 그럴 때 영업 현장에서 부딪치고 극복하기 어려운 부분이 바로 패배주의이다. '아무리 노력해도 우리 제품의 한계야. 우리 제품은 이래서 안 돼'라는 좌절을 겪게 되는 것이다. 신생 업체이거나 후발 업체인 경우 더더욱 크게 느낀다. 영업사원들이 이런 패배주의에 빠져 영업력이 떨어지지 않도록 리더들은 독려하고 지지해 주어야 한다. 조직은 지속적으로 영업력을 올리기 위해 응원해 주고 선배들과 동료들은 같이 아이디어를 나누는 모습을 보여 주어야 한다. 리더와 선배가 고민하는 영업 조직일수록 탄탄하고 쉽게 무너지지 않는 경우를 많이 봐 왔다. 입찰이나 경쟁에서 항상 이길 수는 없다. 그러나 한번 마음속에 패배의식이 들어오면 그것을 극복하는 데는 훨씬 많은 승리가 필요한 법이다. 쉽게 패배하고 어렵게 승리하지 말자는 이야기이다.

둘째는 자신의 한계를 쉽게 말하는 것이다. 쉽게 포기하고 오래 가지 못하는 영업맨은 공통적으로 "내가 할 수 있는 건 다 했고 이 이상은 내 능력 밖이야"라고 말한다. 일부는 맞는 말이다. 영업은 혼자만의 힘으로 되지 않는다고 이 책 서두에서도 말했었다. 운때도 맞아야 하고, 주위에 돕는 이도 있어야 한다. 거기에 내 적성과

능력이 조화를 이룰 때 성공하는 것이다. 최소한 이 모든 것을 기획하고 섭외하고 투자하는 건 본인의 몫이다.

쉽게 되는 일은 정말이지 하나도 없다. 좋아하는 여자와 결혼을 하기 위해 얼마나 많은 노력과 용기와 정성을 다했는지 돌이켜 보면 대부분 그땐 무엇에 홀렸는지 그리했다고들 말한다. 영업은 타이밍이다. 그 순간 말 한마디, 행동 한 동작, 보여 주는 열정, 그런 요소들이 응축되는 타이밍이다. 자신의 한계를 과소평가하지 말라. 업계의 최고 영업사원들을 보면 어떤 업종이건 그 사람들에겐 공통점이 있다. 바로 자신의 한계의 끝을 인정하지 않거나 모른다는 것이다. 심지어 남보다 능력이 특출하거나 학력이 높지 않은 경우도 허다하다.

셋째는 눈앞의 이익에 연연하거나 잔머리를 쓰는 것이다. 내가 모셨던 임원이 항상 경계하라고 하셨던 말씀이기도 하다. 영업은 변수도 많고 상황별로 대처해 나가는 능력도 절대 필요하다. 하지만 원칙적으로 영업은 정공법으로 풀어야 하고 찝찝함을 남기면 안 된다. 오랜 경험에서 우러나오는 말로 영업을 하는 사람은 항상 마음속에 평정심과 긍정적인 에너지를 품어야 한다. 당장의 이익이나 눈앞의 편리를 위해 편법을 쓰거나 정석대로 하지 않으면 반드시 탈이 나거나 일이 더 꼬이는 경우를 많이 봐 왔다. 아마 이 글을 읽는 대부분 영업맨이 공감할 것이다.

  지난 시간 동안 많은 위기와 어려움이 있었다. 영업 현장에서의 크고 작은 가격 경쟁, 제품 경쟁, 고객 경쟁, 때로는 직장생활을 좌우하는 외부적인 회사의 위기에도 흔들리지 않고 정공법으로 풀어 가고 묵묵히 영업해 왔던 게 정답이었다. 영업에 정도(正道)는 없다. 영업은 인생의 등고선과 같아서 오르막이 있으면 내리막이 있고, 계속 반복하다 보면 최고점과 최저점을 알 수 있다. 채우고 버려 가면서 영업을 해 나갔으면 한다. 패배주의를 버리고 자신의 한계를 쉽게 말하지 않으며 눈앞의 이익에 연연해서 더 큰 영업인으로 성장할 수 있는 기회를 놓치지 않기를 간절히 바란다.

3-17

언택트 시대의 영업

 2020년의 가장 큰 이슈는 뭐니 뭐니 해도 모두를 힘들게 하는 코로나19라는 데 동의할 것이다. 지금까지 우리가 경험해 보지 못한 고통과 어려움 속에 전 세계가 아직도 해결 방안을 찾지 못하고 말 그대로 팬데믹을 겪고 있다.

 코로나19는 우리 삶과 사회 경제 전 분야에 걸쳐 과감한 변화를 요구하고 있다. 그런 가운데 영업 현장에서도 이제껏 해 온 기존 방식이 아닌 새로운 패러다임을 요구받고 있다. 코로나19는 분야를 막론하고 영업이 어떻게 능동적으로 변해야 하는지, 영업맨들은 무엇을 어떻게 대처해야 하는지 숙제를 남겼다. 작은 도움이라도 주고자 하는 마음에 코로나 시대의 영업 전략을 몇 가지 적어 보고자 한다.

우선 코로나 시대의 가장 큰 변화는 외부적 감염병으로 인해 각 개인 삶의 범위가 축소되거나 차단되었다는 것이다. 그것은 경제적 측면에서 볼 때 개인의 경제 활동이 제약을 받고 소비 생활을 위축시켜 생산과 소비의 불균형을 가져와 부정적 영향을 끼친다. 즉 전체적으로 소비력이 감소해 기업의 생산성 감소와 비용 절감으로 이어지고, 이는 영업 활동의 경제적 비용 지원 감소와 영업력 위축으로 이어진다. 실제로 제조, 생산, 서비스업의 지수 하락은 영업 활동을 위축시키고 의욕을 낮추고 있다. 사회 심리적 측면에서도 팀 단위, 회사 단위의 조직 문화 패턴이 재택근무와 온라인 접촉 증가로 인해 개인 문화 패턴으로 급속도로 바뀌고 있다.

이렇다 보니 직접 고객이나 클라이언트를 만나서 설득하고 교감해야 할 영업맨의 입장에서는 기존의 영업방식이 더는 통하지 않음으로써 일선 현장에서 느끼는 좌절감과 혼란이 클 수밖에 없다. 내가 만나 본 대부분의 업체 영업맨이 이구동성으로 말하는 것도 바로 그런 부분이다. 고객이 재택근무를 하느라 사무실에 없다든지, 있다 하더라도 들어갈 수가 없어서 영업하기가 너무 힘들다는 것이다. 커피 한잔, 밥 한 그릇을 사 먹으려고 해도 키오스크를 사용하는 매장이 그렇지 않은 곳보다 많은 세상이다. 그만큼 오프라인에서의 시각적·감각적 이벤트나 프로모션 혜택보다 온라인에서 팝업 마케팅이나 SNS에서의 체험 마케팅이 중요한 시대가 되었다. 좀 더 편하고 빠르게 이해되는 것이 눈길을 끌고 선택받는 것이다. 영업도 이러한 흐름에 맞춰서 변해야 한다.

첫째로 공유하고 공감하는 영업이 필요하다. 개인 SNS를 적극 활용하여 몸은 비록 떨어져 있지만 마음은 항상 연결되어 있다는 메시지를 전달해야 한다. 때로는 시각적이고 감각적인 제안이나 혜택을 알리는 것도 좋은 방법이다. 고객이나 클라이언트와 전화나 면담을 하기 전에 먼저 흥미를 끌 수 있도록 만들어야 한다.

우리 회사나 내가 파는 제품, 서비스 등과 관련된 긍정적인 정보를 고객에게 링크로 전달하거나, 지쳐 있을 고객에게 힘이 되는 메시지를 가볍게 공유함으로써 다가서야 한다. 누구나 영업에 어려움을 겪는 시기에 관계의 끈을 놓지 않고 있는 것만으로도 큰 힘이 된다. 지금은 고객의 생일도 카톡을 통해서 알 수 있고, SNS에서는 고객의 취미나 관심사가 무엇인지도 알 수 있다. 조금만 관점과 관심을 바꿔 보면 쉽게 공유하고 공감할 수 있는 방법을 찾을 수 있다. 이러한 공통분모를 찾고 공감하는 영업력이 더욱 필요한 시기이다.

둘째로 체험을 통한 설득에 중점을 두어야 한다. 지금의 고객은 다양한 정보와 채널에서 우리 회사의 제품과 서비스를 직간접적으로 경험하고 있다. 그러한 고객에게 본인의 주장이나 설득만으로는 통하지 않는 시대가 됐다. 예전에는 정보 채널이 폐쇄적이어서 구매에 제한이 있었다면 지금은 접촉할 수 있는 채널이 모든 사람에게 열려 있다는 점을 잊어서는 안 된다. 이러한 상황에서 고객의 기존 고정관념을 깨고 새로운 이미지를 심어 주는 데는 체험이 가장 효과적이다.

한 예로, 십여 년 전 유행했던 캠핑이 최근 다시 주목받기 시작했다. 그 이유를 살펴보면 답이 나온다. 예전에는 주변의 캠퍼들과 직접 캠핑을 감으로써 시작하게 됐다. 요즘은 친구나 지인, 셀럽의 SNS를 통해 차박이니 혼박이니 하는 용어를 알게 되고, 유튜버들의 체험 영상을 보면서 간접적으로 캠핑 문화를 경험한다. 따라서 내가 파는 제품이나 서비스를 고객에게 끊임없이 체험하도록 제공할 필요가 있다. 심지어 사용해 보고 단점이나 문제점까지 피드백을 받는다면 더욱 효과가 크다. 자동차회사나 공유 업체들이 며칠씩 무료 체험을 할 수 있는 사용권을 주는 데는 이유가 있다. 백 마디 말보다 한 번 체험하고 경험하는 것이 더 큰 영업 도구가 될 수 있기 때문이다.

셋째로 코로나19 이후 세계의 산업과 경제 흐름을 영업적인 관점에서 주의 깊게 지켜보아야 한다. 항상 영업은 큰 사회적·산업적 변화를 거치면서 변해 왔다. 산업혁명을 통해서 생산과 소비가 일원화되었다가 세계 전쟁과 근대화를 거치면서 도매에서 소매업 중심(생산 위주에서 소비 시대)으로, 직영에서 대리점(딜러) 체계로 바뀌었다. 또 금융 위기를 지나면서 더욱 유통과 소비가 다양한 채널(렌트/공유) 체계로 변화된 것을 우리는 봐 왔다. 영업 또한 다양하게 세분화되고 전문화되었다.

코로나 시대 이후 우리의 생활은 어떻게 변할까? 모르긴 해도 이제 세분화/전문화된 채널들이 다시 통합될 것이라고 본다. 왜냐하면 예전에는 이것저것 전문화된 제품이나 서비스를 원했다면 이제는 한 번에, 한 곳에서, 한 사람에게서 해결되기를 원할 것이기 때문이다. 코로나 때문에 많은 사람과 접촉하거나 많은 정보를 찾고 싶던 생각이 없어지고 있다. 디지털 정보에 대한 피로감이라고 할까. 코로나 이후의 영업을 대비해야 하는 이유이다.

한 예로, 전자제품 코너에 가 보면 요새 트렌드를 쉽게 볼 수 있다. 식기세척기와 인덕션이 통합된 일체형이 나오고, 한창 유행했던 에어프라이어기나 전자레인지, 오븐이 광파오븐레인지라는 삼위일체형으로 변화되고 있다. 건조기와 세탁기는 이미 하나로 연결되어서 대부분 매장에서는 일체형만 있다. 다시 통합화의 시기가 오는 것이다. 이에 맞춰 영업 또한 관련 업종이나 서비스에 관심을 가지고 영업 매뉴얼이나 스킬을 통합하는 노력이 필요하다.

조심스럽게 예측해 본다면 한 분야, 한 제품만의 지식이 필요한 것이 아니라 통합적인 지식과 스킬을 갖춘 영업맨이 각광받는 시기가 올 것이다. 무엇을 준비하고 마련해야 하는지는 오롯이 우리의 몫이다. 위의 세 가지 준비만 착실히 해 나간다면 잘 극복할 수 있으리라고 본다. 확실히 코로나 이후의 영업은 변화를 요구한다. 도전을 부르는 영업이 되겠지만 공유하고 공감하는 영업, 체험을 통한 접근, 새로운 패러다임의 변화를 읽는 열린 영업 마인드와 전략이 있다면 우리는 당당히 극복해 낼 것이다.

3-18

영업은 3D

요새 20~30대 취준생들을 보면 많이 안쓰럽고 남의 일 같지 않아 가슴이 아프다. 그들에게 힘이 되도록 격려도 해 주고 싶고 가능하다면 도움도 주고 싶다. 이 글을 쓰는 이유 중 하나일지도 모른다. 영업에 첫발을 디딘 20년 전에도 영업은 3D 업종(더러움을 의미하는 Dirty, 힘듦을 의미하는 Difficult, 위험함을 의미하는 Dangerous)으로 여겨졌다. 당시에 친구들도 왜 하필 영업을 하려고 하느냐, 먹고살기 힘들 건데 등 여러 가지 걱정을 해 줬다. 그런데 지금도 영업이 3D 업종으로 인식되고 있다는 생각에 마음 한편으로는 안타깝다.

나는 영업이란 업에 대해서 다른 사람들에게 어떤 일을 지향하든 사장이 되려면 영업은 꼭 거쳐야 하고 해 봐야 한다고 말한다. 창업을 하든, 직장생활을 하든, 대기업에 가든, 중소기업에 가든 이제는 직장생활을 20년 이상 하는 게 쉽지 않은 시대가 되었다. 이제 직장에서 정년 퇴임은 사라지는 단어가 되었다고 해도 과언이 아니다. 그렇기에 이제는 필수선택처럼 꼭 영업을 해야 하는 시대라고 생각한다. 그 이유는 앞으로 미래 산업의 변화가 비대면에, 온라인에, 통합형 플랫폼 시대가 된다고 모두 말하지만 그 기본이 되는 바탕에는 사람과 사람을 잇는 커넥티드가 필요하고 그게 영업의 존재 이유이기 때문이다.

물론 좋은 마케팅과 홍보 전략이 있고 IoT를 활용한 디지털 영업으로 변하기에 예전과 같이 아날로그 방식의 영업은 필요 없다고 반론할 수도 있다. 그렇지만 전략 자체를 실행하기 위해 만나서 제안하고 설득하는 무기가 필요한데 그게 바로 영업이다. 내 의견, 내 제안, 내 아이디어를 표현하면서 설득하는 과정, 이것이 영업의 시작이다.

내가 영업을 시작했던 20년 전에는 제약 영업, 자동차 영업, 보험 영업을 최고의 영업 3D라고 했다. 지금은 어떤지 잘 모르겠지만 잘 보면 지금도 이 세 종류 영업은 아무나 하기도 쉽지 않고 이

직률이나 퇴사율이 타 업종에 비해 높다. 그런 걸 보면 여전히 3D 업종인 것 같다. 영업에 정도(正道)는 없다. 그렇다고 잘하는 사람이 정해진 것도 아니다. 단지 상황을 받아들이고 실패를 인내하는 사람이 결국 살아남는다. 참 옛날 사람 같은 말이지만 세상일에 실패 없이, 노력 없이 이뤄지는 일이 어디 있겠는가. 영업은 3D이다. 그러나 Difficult가 아니라 Dynamic이고, Dramatic이고, Dreamy한 것이다.

다른 일에 비해 조금 더 역동적이고 매 순간 자신이 살아 있음을 확인할 수 있는 일이다. 영업이 정체되고 정형화되었다고 생각해 보자. 영업할 맛이 나겠는가. 영업은 깨워야 하고, 움직여야 하기에 Dynamic하다. 또 영업은 하루에도 몇 번씩 희로애락과 자신의 노력을 정확히 피드백해 준다. 매일 쳇바퀴 도는 회사생활에 비하면 주도적인 자신의 삶에 대해 그 자체가 Drama 한 편과 같다. 마지막으로 영업을 하는 사람은 항상 자신만의 큰 꿈을 꾸어야 한다. 왜 내가 영업을 하는지, 무엇을 이루기 위해 영업을 하는지 항상 생각해야 한다. 앞서 말했듯이 미래의 사장이 되기 위해서 영업을 선택하고 시작한 것처럼, 지금의 재벌들이나 성공한 스타트업 사장들도 다 처음부터 재벌이나 사장이지 않았다. 작은 사무실, 창고에서 두세 명이 영업으로 시작했다는 사실을 잊지 말기 바란다. 그래서 영업을 하는 사람은 항상 꿈을 꾸어야 한다.

2020년 초에 크게 인기를 끈 드라마 '이태원 클라쓰'에서 주인공이 어려운 여건과 고난 속에서도 멋지게 영업을 해 나가는 걸 보면서 영업이 멋있다고 많이들 생각했을 것이다. 사실 드라마이지만 바로 꿈을 꾸고 항상 앞만 보고 나아가는 그런 모습이 바로 영업의 존재 이유임을 말하고 싶다. 다시 말하지만 영업은 3D업이다. 내가 영업을 시작한 20년 그 이전은 어떠했는지 잘 모르지만, 앞으로 다가올 20년의 영업은 최소한 자신의 인생을 바꿔 줄 새로운 3D(Dynamic, Dramatic, Dreamy)가 될 것이다.

3-19

실패 없는 영업은 없다

　나이와 지혜는 비례한다는 말이 있다. 하지만 잘 생각해 보면 대부분 나이가 들어 갈수록 지혜로워지는 게 아니라 더 조심스러워지는 게 아닐까. 자신의 경험이 남에게 가르쳐 줄 만큼 정말 충분히 풍부한 건지, 아니면 내 경험의 가치가 어느 누구의 것보다 크다는 착각에 빠져 있는 건 아닐까 생각해 본다. 하지만 시간이 흘러도 모두가 공감하는 진리는 '성공 없는 실패는 있어도 실패 없는 성공은 없다'는 것이다. 나름 영업의 고수라고 하는 나도 매번 실패를 해 왔지만 곧 받아들이고 인정하면서 성숙해 왔다. 앞으로도 속은 쓰리지만 계속 배워야 한다.

세상은 디지털로, 몇 배속 이상으로, 새로운 패러다임으로 계속 변해 가고 있다. 앞으로도 우리는 계속 실패할 확률이 높을 것이다. 영업 현장에서는 누가 얼마나 작게 실패하는지, 그런 경험에서 얼마나 자기만의 성공 DNA로 바꿔 내느냐의 차이일 뿐이다.

3-20

세일즈, 향기를 품다

 사람들이 좋아하는 말 중 하나가 '당신에게서는 좋은 향기가 난다'는 말일 것이다. 좋은 향기가 난다는데 싫어하는 사람이 있을까. 남에게 좋은 영향과 감동을 주는 성공한 사람들에게서는 좋은 향기가 난다. 매력적인 사람일수록 그만의 독특한 향기가 있기에 사람들이 그에게 끌리고 환호하는 게 아닐까. 내가 갖지 못한 향기, 갖고 싶었던 향기를 더 좋아하는 것처럼, 영업도 그러해야 한다. 누구를 만나고 어떤 일을 하든지 간에 자신만의 향기가 있어야 한다. 거래처에서 그 영업사원만의 독특한 향기를 느낄 때 그 회사 제품을 더 좋아하고 왠지 그 사람을 믿을 수 있게 된다. 사람을 신뢰하면 그 회사의 제품도 신뢰할 수 있는 것처럼, 그런 향기를 지닌 영업맨이 되어야 한다.

 자신은 모를 수 있다. 그러나 그 영업맨에게서 어떤 향기가 나는지를 거래처와 고객은 분명히 알고 있다. 다시 맡기 싫은 불쾌한 향기인지, 그다지 끌리지 않고 평범한 향기인지, 아니면 뭔가 오묘하면서도 끌림이 있는 은은한 향기인지를 모두 알고 있다. 그 향기는 각자의 외모와 태도, 말투, 행동과 가치관 어디에든 배어 있다. 출근하면서 향수를 여러 번 뿌린다고 해도 이미 몸에 밴 향기를 감출 수는 없다. 지금 이 글을 읽는 많은 영업맨이여, 자신의 터닝 포인트로 여기고 꼭 한번 자신에게 되물어 보길 바란다. '나는 어떤 영업의 향기를 가지고 있는가'.

 내 향기는 어쩜 지난 20년 동안의 영업 경험에서 나온 실패와 열정과 눈물의 결정체로 만든 향기가 아닐까 싶다. 때로는 소주 한잔의 안주처럼 쉽게 날아가 버리는 연기와 같은 이야기이지만 그 속에는 공감이 가는 향기가 있었다. 이제는 내 인생 3막의 향기를 채워야 한다. 이제까지 그랬듯 무슨 향기가 될지 나도 모른다. 누군가에게는 희망이 되고, 누군가에게는 용기와 공감이 되는 향기였으면 좋겠다. 향기가 있는 사람, 향기가 있는 삶, 그게 내가 바라는 작은 인생이다.

3-21

영업의 스승

 내 영업에 관한 자서전을 써야겠다고 생각했을 때 서울 상경에서부터 나름 지금의 성공한 이야기를 써 내려가기까지 정말 아내에게 미안한 순간순간이 너무 많은 것 같아 가슴이 아팠다. 아내는 오로지 나 하나를 믿고 백일밖에 안 된 큰애를 안고 부산에서 왔을 때부터 지금까지 참으로 억척같이 살아왔다. 아내의 삶의 궤적을 보고 있노라면 존경스럽기도 하고 때로는 안쓰러움을 감출 수 없다. 부산에서 안정된 직장을 그만두고 못난 남편 따라 서울에 와서 새로운 인생의 도전을 해야 했고, 여러 시행착오를 거치면서 지금 본인 직업의 마스터가 되기까지 인간 승리를 해 온 데 큰 박수를 보낸다.

나에게 아내는 좋은 동료이며 때로는 따끔한 충고를 마다하지 않는 무서운 친구 같은 존재이다. 나름 영업을 한답시고 매일 업체와 잦은 술자리를 하며 새벽에 들어오는 남편에게 듣기 싫은 잔소리를 하는 대신 서러운 눈물로 부산 사나이의 가장 약한 부분인 '쪽팔림'을 일깨워 준 여자이다. 항상 나를 더 이해하려고 노력하고, 알면서도 눈감아 주는 배려와 침묵은 그녀 앞의 나를 작게 만들기도 하고, 때로는 더 크게 만들어 주는 원동력이 되었다. 외부적으로는 존경받고 부러움을 받는 나이지만 아내에게는 그런 감사의 말조차 쉽게 해 본 적이 없는 쪼잔한 남자였다. 그래서 항상 미안하다.

세월이 많이 흘러서 벌써 서울 생활도 반오십 년이 다 되어 가는 상황에서 되돌아보면 부족한 나를 더 채워 주고 더 만들기 위해 자극을 주었던 아내에게 감사하다. 아내가 나보다 어쩌면 인생의 영업을 더 잘하는 게 아닐까 싶다.

인생 최고의 영업은 무엇일까? 어느 정도 영업의 수준이 다른 이들보다 높은 경지에 이르렀다고 느끼시는 분들에게 조용히 조언하고 싶은 것이 있다. 바로 인생 영업을 하라는 것이다. 나보다 동료를, 나보다 가족을, 나보다 회사를, 나보다 제품을, 나보다 더 나은 무엇인가에 더 가치를 두고 그것들의 성공을 위해서도 같이 호흡하고 더 배려하고 더 열정을 쏟으라는 것이다. 그것이 인생 최고 가치의 영업이 아닐까. 내 아내는 자신보다 나와 가족에게 항상 그런 모습을 보여 주었다. 모성애나 책임감의 이야기가 아니라 좋은 인성과 숙련된 경험, 그리고 높은 인격에서 나오는 산물이었다. 그런 아내가 나에게는 좋은 스승이 되고 때로는 자극이 된다.

이런 인생 영업을 위해 좋은 스승을 꼭 찾으라고 후배들에게 조언해 주고 싶다. 만약 찾았다면 가진 돈, 가진 열정을 아끼지 말고 계속해서 관계를 유지하기 위해 노력을 쏟기 바란다. 영업에 있어서 좋은 스승은 꼭 필요하다. 혼자서 성공하는 사람이 없듯 영업을 하는 사람에게는 항상 좋은 본보기와 자극제를 주는 스승이 필요하다. 그래야만 영업에서 롱런하고 항상 자신을 돌아보고 계속해서 숙성해 나가는 힘을 얻게 된다.

영업 고수들을 보면 항상 주위에 좋은 인성과 경험과 가치를 공유하는 스승이 있다. 나 또한 나보다 더 인생 영업을 잘하는 아내가 있었기에 내가 비뚤어지지 않고 이 길을 계속 올 수 있었다. 내 부족함과 나약함을 잘 지적해 주거나 되돌아보게 해 준 아내가 있었기에 교만하지 않으려고 노력해 왔다. 이 글을 핑계로 아내에게, 아니 내 인생 영업의 스승에게 감사함을 전한다.

에필로그

화양연화(花樣年華), 우리 인생에서 꽃처럼 아름다운 시절.

어느 예능 프로그램에서 사회자가 셀럽에게 언제가 당신의 인생에서 가장 아름다운 시절이었냐고 묻는 장면을 보았는데, 계속해서 머릿속에 남았다. 내 인생에서 가장 아름다운 시절은 언제였을까. 사람들 누구나 자신만의 화양연화가 있을 것이다. 어쩌면 잊고 살아서 모를 수도 있고, 그 순간이 너무 괴롭거나 힘들어서 그런 시간이 있었는지도 모르고 왔을 수도 있다.

나에게도 화양연화의 시절이 있었다. 업무적으로는 최고의 영업 실적과 성취감을 맛볼 수 있었던 2015년이 나에겐 화양연화이었을까. 특판팀 입사 이래 최고 판매 기록(연 2,000대 돌파)을 냈고 최우수 모범사원으로 3년 연속 발탁되는 영예도 얻었다. 내 직장생활의 꽃을 활짝 피우던 해였다.

그러나 진정한 나의 화양연화는 의외로 앞에서 언급했던, 영화 공부를 위해 상경한 6개월간의 '웃폈던' 시간들이다. 짧지만 내 인생에서 가장 소중한 시간이었다. 모든 것을 버리고 무모하리만큼 힘겨운 시간이었지만, 하루 종일 영화만 생각하고 영화에 빠져서 공부하고 토론하고 이야기하던 그때가 돌아오지 않을 시간의 금빛과 같았다. 돌이켜보면 내 인생의 화양연화는 실패의 시간이었다. 하지만 그 실패가 나를 더 단단하게 만들었고 그 경험을 통해서 나는 성장했다.

 지금 인생 3막을 준비하는 나에게 다가올 미래가 두렵지 않냐고 묻는 사람들이 많다. 하지만 나는 아름다운 실패를 해 본 덕분인지 솔직히 두렵지 않다. 새로운 서울이라는 환경에 적응해 나갔던 내 씩씩한 모습도, 비디오 도매상들이 모여 있던 청계8가 후미진 골목을 하루 종일 헤매고 다니면서도 흙 속에서 진주(영화 공부에 필요한 희귀한 영화 테이프)를 찾았을 때의 쾌감, 압구정동 뒷골목 포장마차에서 밤새도록 영화 이야기

에필로그

로 하얗게 지새웠던 그 시절, 무명 배우들과 무명 감독 지망생들이 포장마차에 얽혀 고다르의 영화관과 히치콕의 영화를 논하면서 기울이던 소주잔들.

지금 생각해 보면 당시의 나는 미쳐 있었다. 아니 영화인으로서 살려고 부단히 애를 썼다. 그래서 아름다운 시절이었지 않나 싶다. '무엇이든 어딘가에 미쳐 있을 때 그 순간들이 힘들고 고통스럽지만 결국은 아름다웠다'고 말할 수 있다. 아직 내 나이가 인생의 쓴맛을 덜 본 나이인 건지, 아니면 세상을 너무 긍정적으로 봐서 그런지는 모르겠지만, 세상은 꿈을 꾸는 자와 노력하는 자에게는 아직도 무한한 기회를 열어 주는 무대와 같다고 나는 믿는다. 단지 그 짧은 무대에서 무엇을 보여 줘야 하고 무엇을 표현해야 할지는 순전히 본인의 몫이지만, 영업을 통해 내가 익히고 경험했던 것들을 영업의 화양연화를 꿈꾸는 모든 이에게 공유하고 싶고, 부족하지만 조금이라도 도움이 되었으면 한다. 그게 여러분에게는 새로운 화양연화이면서 나에게는 세 번째 화양연화이기를 바란다.

 지난 1년여 시간 동안 거창하게 자서전이란 이름으로 써 내려간 시간 속에서 아쉬운 사람들, 아쉬운 상황들이 파노라마처럼 지나갔다. 왜 그땐 그것밖에 못 했는지에 대한 자책과 함께 그때 그렇게 말하지 못한 아쉬움이 범벅이 되기도 했지만 솔직히 이렇게나마 정리할 수 있는 기회를 주신 내 추억의 주변인들 모두에게 감사한다.

 솔직히 나는 아직 미완성 영업인이다. 아직도 더 배워야 하고 다듬어야 할 게 많다. 영업은 답이 없다는 말처럼 내 한마디, 내 경험이 누군가에는 실패를 만들 수도 있고, 아까운 시간을 빼앗을 수도 있다. 이 글에 소개한 경험과 조언에 너무 연연하지 말기를 바란다. 조금이나마 쓸 만한 공감과 당신의 영업에 격려가 된다면 그것으로 만족한다. 지난 20여 년간의 영업이 내 인생에 자양분이 되어 왔듯이 앞으로의 새로운 20년

에필로그

은 더 멋진 시간으로 채워질 것이다.

 이제껏 앞만 보고 달려온 영업을 했다면 이제는 소중한 가족과 주위의 파트너들과 발을 맞추면서 천천히 걸어가는 영업을 하고 싶다. 기회가 된다면 노블레스 오블리주의 삶도 살아보고 싶다. 다음 자서전은 인생 3막의 이야기가 될 것 같다. 벌써 그 순간이 기대된다. 이번 겨울에는 최소한 마음이 춥지는 않을 듯해서 작은 미소가 지어진다.

Special Thanks to

 지난 20여 년간 아무것도 모르는 초짜를 이렇게 만들어 주신 인생 선배님들이 많이 계셨습니다. 많은 분의 성함을 일일이 기재하지 못하는 점 너그러이 양해해 주시길 바랍니다. 많은 시간을 한결같이 같이 달려와 준 귀철이 형, 종순이 형, 성관이 형, 기복이 형 그리고 특판팀 선후배님들을 특별히 기억합니다. 우리가 만든 지난 20여 년간의 추억들은 잊고 싶은 순간도 많았고, 슬프고 아픈 기억들도 있었지만 제 추억 속에서는 우리 모두가 멋진 주인공들로 채워져 있습니다.

 이 글을 무사히 마칠 수 있도록 끝까지 관심과 지지를 보내 준 업계의 선배님과 친구들도 빼놓을 수가 없습니다. 때로는 같이 아파하고, 즐거워했고, 고생했던 순간순간들이 기억납니다. 이 책의 모든 에피소드가 바로 여러분의 이야기이고 함께 써 온 추억들입니다.

항상 바른 삶을 보여 주시고 지지해 주신 부모님과 종선생님들의 기도와 격려도 잊지 않겠습니다. 지금 나의 인생과 삶에 대한 태도를 만들어 주셨습니다.

이 글이 나오기까지 물심양면으로 도와준 북스페이스의 이승훈 대표에게 감사를 드립니다.

항상 내 장단점을 제일 많이 지지하고 조언해 주며 거침없이 충고해 주었던 나의 가족에게 진심을 담아 감사드립니다.

세일즈의 향기

2021년 5월 15일 초판 발행

지 은 이 : 이기한
발 행 인 : 이승훈

디 자 인 : 디자인 솔
교정교열 : 김영희

발 행 처 : 도서출판 북스페이스
출판등록 : 제2011-000126호
주   소 : 서울시 마포구 월드컵북로 400 문화콘텐츠빌딩 5층
연 락 처 : 010-6338-6058
팩   스 : 0505-405-5000
이 메 일 : ubmedia@naver.com

ISBN   978-89-967241-8-6(13320)

● 잘못 만들어진 책은 구입한 곳에서 교환해 드립니다.
● 본서를 무단 복제하는 행위를 금지합니다.
● 출판하고 싶은 원고가 있다면 ubmedia@naver.com로 보내주세요.
  귀하의 원고가 책으로 나올 수 있도록 도와드립니다.